Marco Lehmann

Einzelleistung versus Teamleistung

Konflikte in der Personalbewertung und deren Einfluss auf den Projekterfolg

Bibliografische Information der Deutschen Nationalbibliothek:

Die Deutsche Nationalbibliothek verzeichnet diese Publikation in der Deutschen Nationalbibliografie; detaillierte bibliografische Daten sind im Internet über http://dnb.d-nb.de abrufbar.

Impressum:

Copyright © ScienceFactory

Ein Imprint der Open Publishing GmbH

Druck und Bindung: Books on Demand GmbH, Norderstedt, Germany

Covergestaltung. Open Publishing GmbH

Inhaltsverzeichnis

Zusammenfassung

In dieser Arbeit wird die Forschungsfrage diskutiert, ob durch Personalbewertungsmethoden Konflikte bei Projektmitarbeitern hervorgerufen werden können und ob diese Konflikte Einflüsse auf die Einzel- und Teamleistung nehmen und ob sie ferner damit den Projekterfolg beeinflussen.

Als Grundlage für die weitere Diskussion der Forschungsfrage dient ein exemplarisches Szenario. In diesem Szenario werden die Projektmitarbeiter auf Basis Ihrer Einzelleistung bewertet. Dadurch konzentriert sich der einzelne Mitarbeiter vorübergehend lediglich auf seine eigenen Aufgaben, anstatt seine Teamkollegen zu unterstützen. Durch die Priorisierung der eigenen Aufgaben wird der Projekterfolg gefährdet.

Folgende Fragen werden dabei aufgeworfen:

- Was ist der Unterschied von Einzelleistung und Teamleistung?
- Welche Arten der Personalbewertung gibt es und welche Probleme treten bei einer Teambewertung oder Einzelbewertung auf?
- In welcher Form beeinflusst die Personalbewertungsmethode Einzel- oder Teamleistungen?
- Wie werden die Projektmitarbeiter nach der Personalbewertung entlohnt?
- Wie kann der Projekterfolg dadurch beeinflusst werden?

Zur Beantwortung der oben genannten Forschungsfrage sowie der dadurch aufgeworfenen Fragen wird auf Studien und Fachliteratur aus den Fachbereichen Projektmanagement, Personal und Psychologie Bezug genommen. Außerdem geht aus zwei Interviews der Windenergiebranche hervor, dass die aufgestellten Hypothesen in Bereichen der Wirtschaft von Bedeutung sein könnten.

Abschließend werden mögliche Lösungsansätze diskutiert. Dazu werden verschiedene Studien herangezogen, die ähnliche oder selbe Probleme behandeln und dafür Lösungsansätze vorgestellt haben. Das Fazit dieser Arbeit ist, dass die Hypothesen der Forschungsfrage sich mittels Studien auf die Wirtschaft anwenden lassen. Darüber hinaus wird das Problem auch in Zukunft bestehen und es bleibt Raum für weitere Forschungen, um Modelle zur Lösung des Problems aus der Forschungsfrage zu entwickeln.

Anmerkung

Aus Gründen der leichteren Lesbarkeit wird in der vorliegenden Bachelorarbeit die männliche Sprachform bei personenbezogenen Substantiven und Pronomen verwendet. Dies impliziert jedoch keine Benachteiligung des weiblichen Geschlechts, sondern soll im Sinne der sprachlichen Vereinfachung als geschlechtsneutral zu verstehen sein.

Abbildungsverzeichnis

Tabellenverzeichnis

1 Einleitung

1.1 Problemstellung und Ausgangssituation

Jedes Projekt besteht aus einem Team von Mitarbeitern, welche einen Beitrag zum Projekt leisten und somit eine eigene Leistung und eine Teamleistung produzieren. Nun stellt sich die Frage, wie zwischen den verschiedenen Leistungen der einzelnen Mitarbeiter differenziert werden soll und wie diese Leistungen letztendlich bewertet werden können, ohne dadurch die Mitarbeiter ungerecht zu behandeln. Fühlen sich die Mitarbeiter ungerecht behandelt, könnte deren Motivation sinken und die Mitarbeiter könnten sich anders im Projekt verhalten, um zum Beispiel eine bessere Bewertung zu erlangen.

Zur Bewertung der individuellen Leistung und der Teamleistung werden im Projektmanagement verschiedene Personalbewertungsmethoden angewandt. Hierbei kann jedoch die Wirkungsweise der Personalbewertungsmethode unterschiedliche Effekte auf den Projekterfolg hervorrufen und einen Zielkonflikt zwischen dem persönlichen Erfolg und dem Erfolg als Team entstehen lassen. Ein exemplarischer, anhand eigener Erfahrungen kreierter Fall aus einem Unternehmen der Windindustrie soll den Einfluss unterschiedlicher individueller und gemeinschaftlicher Personalbewertungsmethoden auf den Projekterfolg veranschaulichen. Aus Gründen der besseren Lesbarkeit wird der Begriff des exemplarischen Falles im Folgenden mit Szenario weiterverwendet.

Das Szenario ergibt sich wie folgt: Das Unternehmen produziert und errichtet Windenergieanlagen, welche meist in höherer Anzahl in Auftrag gegeben werden. Bei mehreren Turbinen in einem Kundenauftrag wird von einem Windpark gesprochen. Die Errichtung und der Service eines Windparks liegen in der Verantwortung eines Projektleiters. Den Projektleiter unterstützen in diesem Szenario drei weitere Mitarbeiter, der Projektkaufmann, der Qualitätsmanager und ein Projektmitarbeiter, welche alle Spezialisten in ihrem Fachbereich sind. In Abbildung 1 ist die Organisation des Projektes und des Projektteams vereinfacht dargestellt.

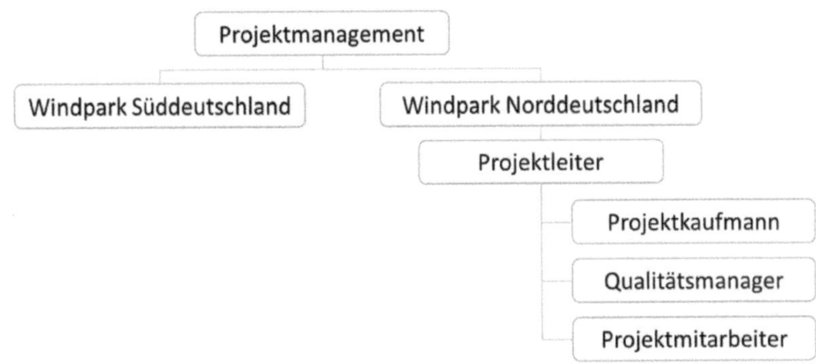

Abbildung 1: Organigramm des Szenarios

In dem Szenario, welches auf Abbildung 2 schematisch veranschaulicht ist, haben der Projektkaufmann, der Projektmitarbeiter und der Qualitätsmanager momentan einen hohen Arbeitsaufwand. Einzig die Aufgabe des Qualitätsmanagers ist in diesem Szenario zeitsensitiv und würde sich bei Nichterfüllung oder Verspätung direkt auf den Projekterfolg auswirken. Bei dieser Aufgabe stößt der Qualitätsmanager an seine Kompetenzgrenze, jene Kompetenzen, welche der Projektkaufmann besitzt. Der Projektkaufmann unterstützt seinen Kollegen jedoch nicht, da der Projektleiter auf die Bearbeitung eines individuellen Arbeitspaketes von dem Projektkaufmann wartet. Der Projekterfolg rückt für den Projektkaufmann dadurch kurzzeitig in den Hintergrund, da in diesem Szenario das Projektteam materiell vergütet und individuell bewertet wird. Daher priorisiert dieser zuerst den eigenen Erfolg in Form von Anerkennung, Aufstiegschancen und Geldvorteilen durch das Erfüllen seiner Aufgabe für seinen Vorgesetzten. Dadurch stellt er die Unterstützung seines Mitarbeiters hinten an, jene Aufgabe des Qualitätsmanagers, die zum Erfüllen von einem wichtigen Meilenstein relevant ist. Durch den Verzug des Meilensteines wird der Projekterfolg gefährdet, da die zeitliche Komponente des Projektes nicht eingehalten werden kann. Dieses Szenario zeigt auf, dass der Projekterfolg von der Personalbewertungsmethode sowie von der Motivation des einzelnen Mitarbeiters abhängt.

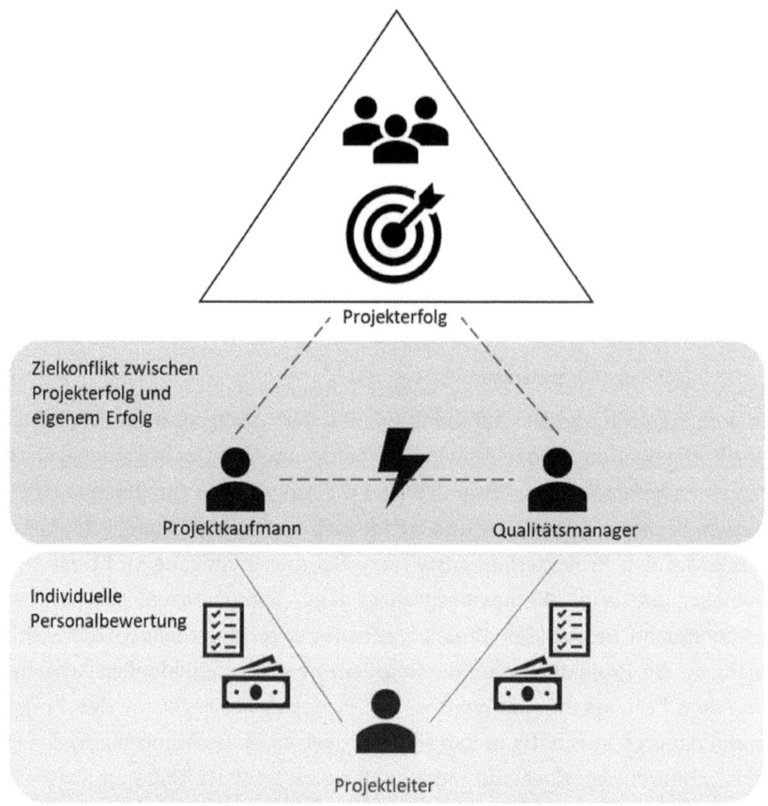

Abbildung 2: Eigene Darstellung des Konfliktes anhand eines Szenarios

1.2 Zielsetzung und Forschungsfrage

Das Ziel dieser Bachelorarbeit stellt die Bearbeitung und Prüfung des Konfliktes aus dem vorgestellten Szenario und der daraus resultierenden Forschungsfrage dar. Mithilfe der Forschungsfrage wird versucht die hypothetischen Zusammenhänge aus dem Szenario allgemeingültig zu erfassen und zu beantworten.

Die Zusammenhänge aus dem Szenario ergeben eine Verkettung von Ereignis und Zuständen, welche in der Aneinanderreihung die folgende Forschungsfrage hervorrufen:

„Kann eine auf Einzelleistungen basierende Personalbewertung und die daran verknüpfte Vergütung, Einfluss auf die Leistung der Mitarbeiter nehmen und dadurch den Projekterfolg gefährden?"

Dabei findet sich die Relevanz der Forschungsfrage einerseits in der steigenden Nachfrage der Industrie in Projektmanagement wieder (Eberle, Meyer & Rosen, 2011; Huemann, 2017; Kraus & Westermann, 2014), sowie in Unternehmen, die zu Teamstrukturen tendieren (Castka, Bamber & Sharp, 2003). Eppler (2017) führt aus, dass die Studie „Mitarbeiter der Zukunft: Die Evolution der Arbeitswelt im Zeitalter der digitalen Transformation" aus 2016 ergeben hat, dass die Mitarbeiterbewertung ein sehr aktuelles Thema in der Industrie ist, welche in der Wirtschaft zu 45% jährlich, 21% halbjährlich und 21% kontinuierlich durchgeführt werden.

1.3 Vorgehensweise und Forschungsstand

Zuerst werden in Kapitel 2 die grundlegenden Begriffsdefinitionen erläutert, welche von Relevanz für das Verständnis und den weiteren Verlauf der Bachelorarbeit sind. Daraufhin beschäftigt sich Kapitel 3 mit den Themen, welche zur Beantwortung der Forschungsfrage von Nöten sind. Dabei werden unter anderem die Einzel- und Teamleistung, Personalbewertungsmethoden, die Entlohnung und die Einflüsse auf den Projekterfolg behandelt.

Ein exploratives Interview aus der Wirtschaft soll in Kapitel 4 weitere Informationen und Erkenntnisse zur Forschungsfrage liefern. Daraufhin wird das Interview analysiert und ausgewertet. Die Aussagen und Erkenntnisse aus dem Interview werden in Beziehung zu der Literatur gesetzt sowie zur Verifizierung der Hypothesen und zur Beantwortung der Forschungsfrage herangezogen. Aufgrund der Forschungsfrage wurde bewusst ein exploratives Interview gewählt, um durch die offene Fragestellung des Interviews eventuell weitere, nicht thematisierte Erkenntnisse erhalten zu können.

Abschließend werden die Erkenntnisse aus der Literatur und aus dem Interview entlang der Forschungsfrage verglichen, analysiert und ausgewertet. Daraufhin wird die Forschungsfrage ausgearbeitet und mögliche Lösungsansätze werden diskutiert. Diese Bachelorarbeit wird mit einem Fazit in Kapitel 5 abgeschlossen, welches die Forschungsfrage beantwortet, die Thematik analysiert zusammenfasst und einen Ausblick auf potenzielle weitere Forschung gibt.

2 Begriffsdefinitionen

In diesem Kapitel werden die wichtigsten allgemeinen Begriffe zum besseren Verständnis der Bachelorarbeit definiert. Dazu zählen unter anderem das Projekt und das Projektmanagement, in welchen die Forschungsfrage und das Szenario eingebettet sind. Außerdem wird der Begriff des Konfliktes und der intrinsischen Motivation definiert. Weitere Definitionen wie der Teambegriff, werden außerdem in Kapitel 3 diskutiert.

Projekt

Ein Projekt ist nach der DIN 69901-5:2009 wie folgt definiert: Ein Projekt ist ein [...] „Vorhaben, das im Wesentlichen durch die Einmaligkeit der Bedingungen in ihrer Gesamtheit gekennzeichnet ist, z. B. Zielvorgabe, zeitliche, finanzielle, personelle und andere Begrenzungen, Abgrenzung gegenüber anderen Vorhaben und projektspezifische Organisation". Kraus und Westermann (2014, S.2) stimmen der Definition aus der DIN zu und leiten daraus ab, dass der Begriff Projekt [...] „nur für Aufgaben verwendet werden [kann], die neuartig, zeitlich begrenzt, komplex sind und die Beteiligung mehrerer Stellen erfordern". Im Rahmen des in Kapitel 1.1 vorgestellten Szenarios bedeutet dies: Der Windpark wird neu errichtet, der Windpark wird in einem Jahr fertiggestellt, es ist eine z.B. technische Komplexität gegebenen und mehrere Parteien, wie der Projektleiter sowie Projektmitarbeiter, Energieversorger und Sicherheitsbeauftragte sind beteiligt.

Projektmanagement

Der Begriff Projektmanagement kombiniert die Definitionen von Projekt und Management, wobei der Begriff Projekt zuvor definiert wurde. Eine Definition des Begriffes Management ergibt die „Planung, Steuerung und Überwachung einer Aufgabe im Hinblick auf eine bestimmte Zielsetzung" (Meier, 2015, S.26). Die deutsche DIN-Norm 69901-5:2009 beschreibt Projektmanagement als „Gesamtheit von Führungsaufgaben, -Organisation, -Techniken und -Mitteln für die Abwicklung eines Projektes". In der Literatur wird die Definition des Begriffes Projektmanagement von der DIN 66901-5:2009 übernommen und weitere Ergänzungen zu der Definition unterscheiden sich minimal (Jakoby, 2015; Kraus & Westermann, 2014; Motzel, 2010). In der Kombination der Definitionen der Autoren und der DIN 69901 lässt sich jedoch festhalten: Projektmanagement umfasst die Gesamtheit von Planungs-, Steuerungs- und Überwachungsfunktionen eines neuartigen, zeitlich begrenzten und komplexen Projektes.

Konflikt

Der Begriff Konflikt lässt sich nur schwer allgemeingültig definieren, da der Begriff des Konfliktes für viele Ausdrücke Nutzen findet. Demzufolge zeigt die Literatur auch keine allgemeingültige Definition auf.

Der deutsche Manager-Verband (2003, S. 199) fasst zusammen [...], „dass Konflikte grundsätzlich die Gegensätzlichkeit oder Unvereinbarkeit zweier oder mehrerer Elemente, das heißt etwa Verhaltensweisen oder Einstellungen, sind". Die Deutsche Gesellschaft für Projektmanagement (GPM) definiert den Konflikt mit einem Meinungsunterschied von Parteien, wobei sich mindestens eine der Parteien ungerecht behandelt fühlt. (GPM, 2014).

Dabei wird zwischen verschiedenen Arten von Konflikten unterschieden. Folgende Arten können unterschieden werden: Zielkonflikte, Beurteilungskonflikte, Rollenkonflikte, Verteilungskonflikte und Beziehungskonflikte, welche in Tabelle 1 mit Beispielen erklärt sind (Reuter, 2011; Rauer, 2015; Motzel, 2010).

Zielkonflikt	„Schnell den Windpark errichten"	⚡	„Alle Tests der Anlagen sorgfältig durchführen"
Beurteilungskonflikt	„Das Projekt ist im Budget und in der Zeit"	⚡	„Änderungen durch den Auftraggeber"
Rollenkonflikt	„Das Projektteam soll selbständig arbeiten"	⚡	„Das Projektteam erwartet klare Anweisungen"
Verteilungskonflikt	„Der Meeting Raum wird für den Windpark Norddeutschland benötigt"	⚡	„Der Meeting Raum wird für den Windpark Süddeutschland benötigt"
Beziehungskonflikt	„Ich will selbst bestimmen"	⚡	„Ich bin der Projektleiter"

Tabelle 1: Arten der Konflikte (in Anlehnung an Rauer, 2015, S. 166)

Intrinsische und extrinsische Motivation

Die Motivation eines Mitarbeiters oder eines Menschen kann grundsätzlich intrinsischer oder extrinsischer Natur sein. Dabei definiert sich die Motivation als „Aktivierte Verhaltens- und Handlungsbereitschaft einer Person im Hinblick auf bestimmte Ziele" (GPM, 2003 zitiert nach Motzel, 2010, S. 136).

Die GPM (2014) definiert dabei die extrinsische Motivation als das aktive Handeln um einen Wunsch oder eine Absicht zu verfolgen, um positive Ziele, wie einen Bonus zu erreichen oder negative Folgen, wie eine Sanktion zu vermeiden. Die intrinsische Motivation hat hingegen den Ursprung in der Handlung, also um ihrer selbst willen durchgeführt, das heißt die Aufgabe wird als interessant, spannend, herausfordernd und so weiter wahrgenommen.

Mühlenhof (2018) sowie Pelz (2018) haben die fünf Quellen der Motivation von Barbuto und Scholl (1998) adaptiert, welche in Abbildung 3 veranschaulicht sind. Folglich kann die Motivation gehemmt werden, wenn die Quellen der Motivation nicht vorhanden oder gehemmt sind.

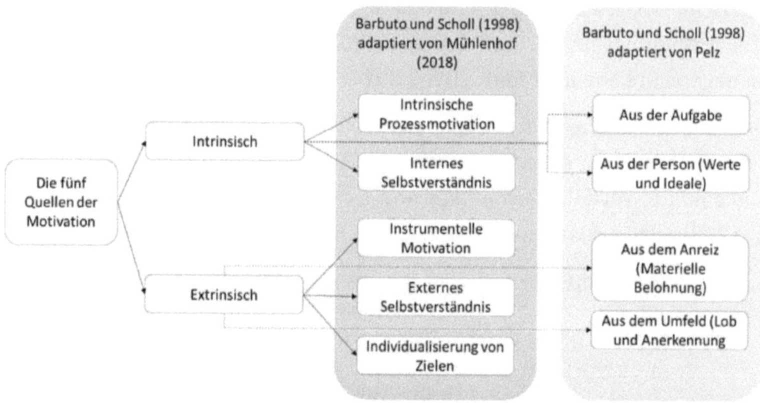

Abbildung 3: Fünf Quellen der Motivation nach Barbuto und Scholl (1998)

Häufig wird der Korrumpierungseffekt von Belohnungen mit der intrinsischen Motivation in Verbindung gebracht, welcher die Verdrängung von intrinsischer Motivation durch extrinsischer Motivation beschreibt. Dieser Effekt wurde, in Kombination mit materiellen Anreizen, bereits durch Studien von Fehr und Falk (2002) und Frey und Bohnet (1994) erkannt.

3 Theorie

Dieses Kapitel beschäftigt sich mit den theoretischen Grundlagen, die aus der Forschungsfrage hervorgehen und zur Beantwortung dieser von Nöten sind. Dabei sollen diese systematisch vom Allgemeinen ins Spezifische übergehen, um eine Grundlage für die Analyse und Beantwortung der Forschungsfrage zu schaffen.

3.1 Einzelleistung versus Teamleistung

3.1.1 Einzelarbeit und Einzelleistung

Der Begriff Einzelarbeit wird vielseitig im Sprachgebrauch genutzt und kann dementsprechend je nach Fachgebiet anders interpretiert werden. Aus Sicht der Wirtschaftswissenschaften handelt es sich bei der Einzelarbeit um die einzelne Bearbeitung und Lösung einer oder mehrerer Aufgaben. Dabei stellt die Einzelarbeit den Input dar, wobei die resultierende Einzelleistung der Output ist.

Die individuelle Leistung oder auch Einzelleistung, ist jene Leistung, die jemand alleine oder als Beitrag einer Teamaufgabe leisten kann. Der Begriff Leistung meint in diesem Fall die Bearbeitung einer Routineaufgabe, einer Aufgabe in Einzelarbeit oder die Erfüllung teilbarer Aufgaben in der Gruppe (Keßler & Hönle, 2002). In Projekten können aufgrund ihrer Komplexität und Dauer häufig Aufgaben geteilt werden.

Die Entscheidung, ob ein Mitarbeiter im Team oder alleine arbeitet, hängt von verschiedenen Faktoren ab. Ein wichtiger Faktor zur Festlegung des Arbeitstypen ist die Persönlichkeit des Projektmitglieds. Einzelarbeit ist bei jenen Mitarbeitern sinnvoll, welche soziale Ängste haben, aber auch bei Mitarbeitern mit mangelndem Interesse oder fehlender Übung in der Teamarbeit (Reuter, 2011).

Die Entscheidung Aufgaben in Einzelarbeit zu erledigen, steht in Abhängigkeit von der Art und Struktur der Aufgabe. Für die Einzelarbeit eignen sich Aufgaben, die in der Prozessreihenfolge unabhängig voneinander sind. Dies bedeutet, dass die vorgängige und nachfolgende Arbeit unabhängig voneinander ausgeführt werden kann (C. V. Haug & C. Haug, 2009). Hinzuzufügen sind Routinearbeiten, welche sich in der Art der Aufgabe wiederholen und sich nicht verändern. Dadurch verlieren die Routinearbeiten an Komplexität. Außerdem müssen die Routinearbeiten meist schnell erledigt werden und es ist dem Mitarbeiter möglich auf alte Informationen, Erfahrungswerte oder eine Prozessbeschreibung zurückzugreifen (C. V. Haug & C. Haug, 2009). Einzelarbeit eignet sich also für prozessisolierte Aufgaben, welche bestimmte Fachkenntnisse für eine Aufgabe benötigen. In einer einzelnen Aufgabenstellung mit hoher Fachkenntnis und Komplexität sind die einzelnen Mitarbeiter effektiver als die Gruppe (Reuter, 2011).

Die Kehrseite der Einzelarbeit zeigt sich in sinkender Motivation durch das isolierte Arbeiten. Durch fehlende Kommunikation und ständiges Wiederholen von Tätigkeiten können Mitarbeiter schnell in Routine und ein Motivationsloch verfallen (Becker, 2016).

Aufgaben in Einzelarbeit zu bewältigen, findet Limitationen in immer komplexer werdenden Aufgaben, die mehrere Parteien involvieren und Fachwissen aus unterschiedlichen Bereichen zur Lösung benötigen. In diesen Fällen sollten die Kompetenzen eines Teams zum Einsatz kommen (Becker, 2016). Zusammenfassend lässt sich sagen, dass Einzelarbeit besonders geeignet ist, wenn die Arbeit isoliert von anderen Arbeiten ist, mit eigenem Fachwissen beantwortet werden kann und in Einzelarbeit schneller und effektiver zu erledigen ist.

3.1.2 Das Projektteam: Die Arbeit und die Leistung im Team

In der heutigen Wirtschaft besitzen Teams einen sehr hohen Stellenwert und fungieren im Großteil als Organisationsform von Unternehmen. So hat eine Befragung der 500 umsatzstärksten Unternehmen der Welt im Jahr 2000 (Fortune 500) ergeben, dass in 80 Prozent dieser Unternehmen Teamstrukturen in der Organisation etabliert sind (Strozniak, 2000). Aus diesem Grund soll im Folgenden zuerst der Begriff des Teams hergeleitet und daraufhin das Projektteam definiert werden. Dabei ist es wichtig, das Projektteam von dem Team und der Gruppe abzugrenzen.

3.1.2.1 Herleitung des Begriffs Projektteam

Der Begriff Gruppe wird im alltäglichen Gebrauch für verschiedene Zwecke verwendet. Bereits mehrere wartende Personen an einer Bushaltestelle werden im allgemeinen Sprachgebrauch als Gruppe bezeichnet. Der Begriff Gruppe ist in diesem Zusammenhang nicht korrekt verwendet und muss abgegrenzt werden (Bass, 1980, zitiert nach Becker, 2016). So beschreiben Hackman und Richard (2012) eine Gruppe, als ein soziales System, in welchem Mitglieder verschiedene Rollen einnehmen. Dabei herrscht in der Gruppe eine gegenseitige Abhängigkeit, um einen gemeinsam Zweck zu verfolgen. Zur Bestimmung, ob mehrere Personen eine Gruppe darstellen, liefert Becker (2016) verschiedene Kriterien und fügt der Definition von Hackman und Richard (2012) wenige Punkte hinzu. Demnach muss eine Gruppe aus mindestens zwei Personen bestehen, welche miteinander agieren und nicht zufällig am selben Ort sind. Die Gruppe verfolgt dabei ein gemeinsames Ziel oder eine gemeinsame Aufgabe und ist nach außen hin wahrnehmbar. Außerdem verfügt die Gruppe über Stabilität, Regelmäßigkeit und einen Team-Gedanken (Becker, 2016).

Des Weiteren wird die Gruppe in seiner Form unterschieden. So kann bei Gruppen zwischen einer formellen und einer informellen Gruppe differenziert werden. Die informelle Gruppe lässt sich einfach formen und ist an keine externen Größen gebunden. Hingegen ist die formelle Gruppe in Dienstvorschriften oder Statuten verankert. Durch die Bindung an Dienstvorschriften zeichnet sich die formelle Gruppe als typisch für formale Organisationen aus (Preyer, 2012). Eine informelle Gruppe ist zum Beispiel ein regelmäßiger Fototreff von Hobby-Fotografen. Das Projektteam des Szenarios, veranschaulicht auf Abbildung 1, erfüllt bereits die Kriterien einer formellen Gruppe. Das Team besteht aus vier Projektmitgliedern, stellt ein soziales System dar, verschiedene Rollen werden übernommen und ein gemeinsames Ziel, und zwar die Errichtung eines Windparks, wird verfolgt.

Im allgemeinen Sprachgebrauch wird der Begriff Team für jegliche Form von Gruppe verwendet, dabei ist dieser per Definition klar abgegrenzt (Sterrer, 2014). Das Team ist eine Form der Gruppe, weshalb die zuvor gegebene Definition der Gruppe und dessen Eigenschaften von Bedeutung ist (Becker, 2016). Um ein Team von der Gruppe abgrenzen zu können, werden verschiedene Kriterien und Merkmale genannt. Ein Merkmal des Teams ist der Anführer, zum Beispiel der Projektleiter. Im Gegensatz zum Team herrscht innerhalb einer Gruppe kein Konsens über Ziele. Weitere Merkmale des Teams sind, dass die Teammitglieder über Rollen und Funktionen informiert sind und konstruktives Feedback innerhalb des Teams geben (Becker, 2016; Motzel, 2010; Sterrer, 2014). Dabei sollte das erfolgreiche Team aus drei bis sieben Mitglieder bestehen, welche ein gemeinsames Ziel verfolgen und in diesem vereint sind (Sterrer, 2014). Außerdem lässt sich der Abgrenzung hinzufügen, dass bei Abschluss der Aufgabe ein Team meist aufgelöst wird (Becker, 2016) und es ein höheres Leistungsergebnis als eine Gruppe erzeugt (Miebach, 2016).

Teams lassen sich wie Gruppen in verschiedene Formen unterteilen. Dabei wird zwischen Funktionsteams und Projektteams unterschieden. Funktionsteams entstehen aus den Fachabteilungen eines Unternehmens. Demnach kann die Marketing-Abteilung ein Team sein, welches als gemeinsame Aufgabe den Start einer neuen Kampagne verfolgt (Schätzle, 1993.). Das Projektteam hingegen kann gegenüber dem Funktionsteam abteilungsübergreifend sein. Denn durch die hohe Komplexität von Projekten sind Kompetenzen aus verschiedenen Fachbereichen von hoher Bedeutung (Becker, 2016).

Dennoch benötigt der Begriff des Projektteams einer weitergehenden Präzisierung (Kraus & Westermann, 2014; Motzel, 2010). Das Projektteam ist eine spezielle Form des Teams und hebt sich nach Sterrer (2014) durch verschiedene Faktoren vom Team ab. Demzufolge sind Projektteams geschult und wissen, dass ein Projekterfolg nur im Team erlangt werden kann (Sterrer, 2014). Um komplexe Projekte zu lösen, benötigt das Projektteam Mitarbeiter mit verschiedenen Kompetenzen. Dadurch können verschiedene Kulturen aufeinandertreffen und Projektteams müssen über interkulturelle Kompetenzen verfügen (Kraus & Westermann, 2014; Wastian, Braumandl, Dost-Tauschl, 2018). Kompetenzen für bestimmte Aufgaben im Projekt können auch durch externe Mitarbeiter (Meier, 2015) oder externe Spezialisten (Schätzle, 1993) erfüllt werden. Durch die Eigenschaften eines Projektes, wie die Neuartigkeit und Komplexität, ergeben sich weitere Merkmale eines Projektteams. Darunter fällt vor allem der Zeitdruck um das Projekt rechtzeitig abzuschließen (Sterrer, 2014).

3.1.2.2 Teamarbeit und Teamleistung

Die Teamarbeit beschreibt das Arbeiten und Erfüllen von Aufgaben innerhalb eines Teams. Sterrer (2014) unterscheidet hierbei zwischen „echter" und „unechter" Teamarbeit. „Echte" Teamarbeit bedeutet, dass das Team interagiert, einen Mehrwert schafft und in der Sichtweise vereint ist. „Unechte" Teamarbeit ist hingegen eine reine Addition von Einzelleistungen, wobei die Sichtweisen der Teammitglieder nicht immer übereinstimmen (siehe Abbildung 4). Die „echte" Teamarbeit erfüllt die immer komplexer werdenden Anforderungen in der Industrie, welche in Einzelarbeit nicht mehr zu bewältigen sind (Becker, 2016).

Abbildung 4: „Unechte" versus „echte" Teamarbeit (in Anlehnung an Sterrer, 2014, S. 116, Abb. 9.1)

Das Resultat der Teamarbeit ist die Teamleistung. Die Teamleistung ist die durch das Team erbrachte Leistung (Witte, 1989). Diese baut auf drei Säulen auf (Becker, 2016, S. 24): Das Umfeld, die Aufgabe und das Team. Eine Darstellung der drei Säulen wird in Abbildung 5 illustriert. Anhand der Verwirklichung dieser drei Säulen, lässt sich die Team- beziehungsweise Arbeitsleistung bestimmen. Darüber hinaus dienen die drei Säulen als Indikatoren für Arbeitszufriedenheit, Mitarbeiterfluktuation und Motivation.

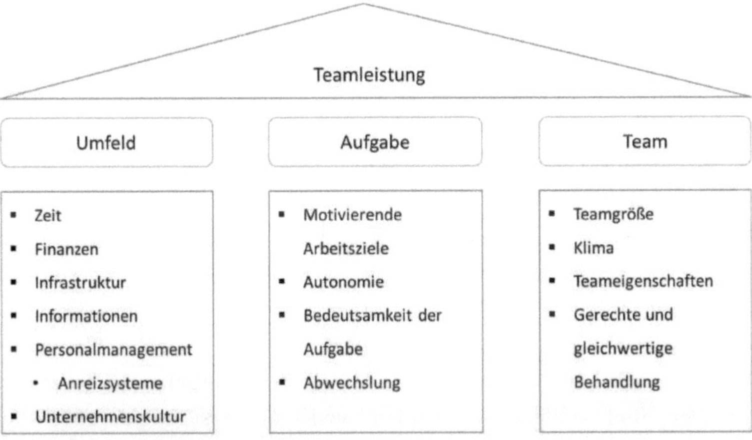

Abbildung 5: Die drei Säulen der Teamleistung (in Anlehnung an Becker, 2016, S. 24, Abb. 3.1)

Die erste Säule beschreibt das Umfeld, welche sich durch die Voraussetzungen, um eine Teamleistung zu vollbringen kennzeichnet. Dazu zählen zum Beispiel die verfügbare Zeit der Teammitglieder, wie auf Informationen zugegriffen werden kann oder die Verfügbarkeit von Besprechungsräumen (Becker, 2016). Das Umfeld beschreibt außerdem die Strukturen und Prozesse, welche ein Unternehmen dem Team und seinen Mitgliedern bietet. Dabei sollten die Prozesse der Personalauswahl und -entwicklung teamorientiert gestaltet sein, um die Kompetenzen der Teamarbeit zu fördern (Kirkman & Rosen 1999). Zuletzt soll die Unternehmenskultur auf gemeinschaftliche Werte ausgerichtet werden, Unternehmen die individualistische Werte vermitteln, werden keine erfolgreichen Teamleistungen erzielen (Becker, 2016).

Eine weitere Säule der Teamleistung stellt die Aufgabe dar. Dabei sollte die Aufgabe motivierende Arbeitsziele bieten, Autonomie fördern und bedeutsam sowie abwechslungsreich sein (Becker, 2016).

Das Team ist die dritte Säule der Teamleistung. Hierbei wird auf die Auswahl der Teameigenschaften und -charaktere geachtet, welche nach den Anforderungen der Arbeit definiert sein sollten. Ein weiterer Faktor spielt die Teamgröße, welche in Kapitel 3.1.2.4 näher erläutert wird, da mit zunehmender Anzahl von Teammitgliedern die Teamleistung sinkt (Becker, 2016). Weitere Einflüsse auf die dritte Säule sind das Arbeitsklima und die konstruktive Streitkultur im Team (Kraus & Westermann, 2014; Litke, 2007).

3.1.2.3 Organisation mit Teams

Der Trend zur Teamarbeit, wie aus einer Umfrage der Fortune 500 aus Kapitel 3.1.2 hervorgeht, fordert Unternehmen dazu heraus sich neu auszurichten und die Organisationsstruktur anzupassen (Becker, 2016). Durch die Umstrukturierungen in Unternehmen zeichnet sich die neue Organisation durch flache Strukturen und dem Abbau von Hierarchiestufen aus. Flache Strukturen bedeuten mehr Handlungsfähigkeit für Unternehmen, da durch den Abbau von Hierarchiestufen weniger Führungskräfte zum Beispiel ein neues Projekt diskutieren und unterzeichnen müssen (Becker, 2016). Außerdem werden Kosten für Führungspersonal eingespart (Heywood & Jirjahn, 2004; Litke, 2007). Darüber hinaus bietet die flache Struktur bessere Bedingungen für die Projektarbeit, weil Entscheidungen schneller und einfacher getroffen und auf Projektänderungen oder -herausforderungen schneller reagiert werden können (Becker, 2016). Dem hinzuzufügen sind sinkende Abwesenheits- und Fluktuationsraten der Mitarbeiter sowie eine steigende Motivation durch das Arbeiten im Team (Heywood & Jirjahn, 2004; Litke, 2007).

Auf Abbildung 6 wird der Vergleich einer hierarchischen Organisation und einer flachen Organisation dargestellt. Das Szenario dieser Bachelorarbeit dient als Beispiel eines Projektteams. Die Abbildung 6 veranschaulicht, dass die Hierarchiestufen bei einer hierarchischen Organisation höher sind als bei einer flachen und der Weg bis zur Entscheidung des Projektleiters länger ist.

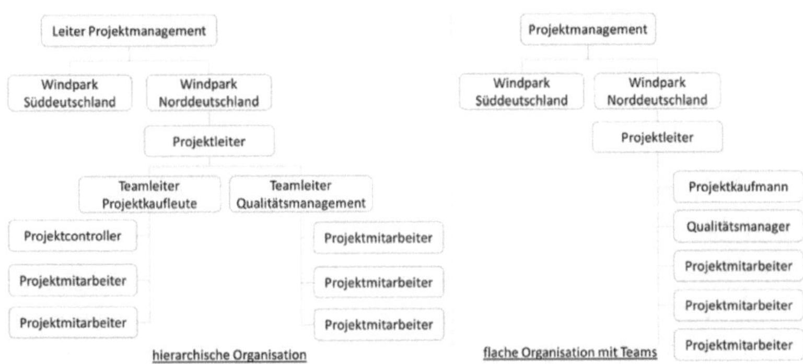

Abbildung 6: Hierarchische Organisation und flache Organisation mit Teams (in Anlehnung an Becker, 2016, S.2, Abb. 1.1)

Zusammenfassend liegt der Nutzen und somit auch der begründete Trend zu Teams in der Wirtschaft in der gesteigerten Handlungsfähigkeit durch flache Hierarchien (Becker, 2016) sowie der verbesserten und erhöhten Leistungsbereitschaft (Litke, 2007).

3.1.2.4 Positive und negative Effekte auf die Teamleistung

„Ein Team kann je nach Arbeitsaufgabe, Kontext, Zusammensetzung oder Führung desselben Segen oder Fluch sein." (Becker, 2016, S.3)

Das obenstehende Zitat von Becker lässt darauf schließen, dass Teamarbeit und Teamleistung nicht ausschließlich Vorteile bieten. Dementsprechend werden nachfolgend sowohl negativ als auch positiv wirkende Effekte auf die Teamleistung und die Teamarbeit präsentiert. Bei der Diskussion der Effekte auf die Teamleistung wird Bezug auf die drei Säulen der Teamleistung genommen, welche in Abbildung 5 dargestellt sind.

Zunächst werden Effekte diskutiert, welche sich negativ auf die Teamleistung auswirken können. Negative Effekte können zum Beispiel durch die Teamzusammensetzung entstehen. Denn eine sehr hohe Diversität im Team oder ein falsch zusammengestelltes Team führt häufig zu Meinungsverschiedenheiten, Konflikten (Wastian et al., 2018), persönlichen Spannungen oder ausgeprägtem Konkurrenzdenken (Litke, 2007). Des Weiteren kann das Team in Konflikte geraten, wenn Rollen unklar definiert sind und Kompetenzen nicht richtig zugeteilt werden (Wastian et al., 2018). Das Team muss fähig und geschult sein, unterschiedliche Meinungen und Interpretationen innerhalb des Teams (Lehmann-Willenbrock, Grohmann & Kauffeld, 2011) und der Aufgabe zu akzeptieren (De

Dreu & Weingart, 2003), da soziale Konflikte innerhalb des Teams Einfluss auf die Teamleistung nehmen können.

Durch eine steigende Teamgröße können negative Effekte verschlimmert werden. Aufgrund der steigenden Anzahl an Teammitgliedern können Koordinationsverluste, langwierige Informationswege oder Konflikte im Team auftreten (Becker, 2016; Meier, 2015).

Demotivierende Charakterzüge von Teammitgliedern wirken sich negativ auf die Teamleistung aus, wozu die sogenannten „Sozialen Faulenzer" zählen. Dies wird auch mit dem Begriff „social loafing" beschrieben. „Soziale Faulenzer" gehen davon aus, dass ihre Leistung, also ihr individueller Beitrag zur Teamleistung, im Bewertungssystem nicht erfasst wird und leisten deswegen bewusst weniger (Schulz-Hardt & Brodbeck, 2014). Ein weiteres Beispiel negativ wirkender Teammitglieder auf die Teamleistung sind sogenannte Trittbettfahrer. Trittbettfahrer reduzieren bewusst ihre Arbeitsleistung in der Annahme, dass der eigene Beitrag zur Teamleistung unwichtig sei. Somit spielt es nach dem Trittbettfahrer keine Rolle, ob er seine volle oder halbe Leistung gibt (Wegge, 2004).

Ein vermehrt vorkommendes Problem in Teams sind zuletzt sogenannte „mikropolitische Spielchen". Bei „mikropolitischen Spielchen" verfolgen einzelne Teammitglieder persönlichen Ziele, wie die Beförderung, ein höheres Gehalt oder mehr Verantwortung zu erlangen. Dazu setzen Teammitglieder Mittel und Wege ein, um die Konkurrenz im Team auszubremsen. Dabei versucht das Teammitglied meist den Vorgesetzen auf seine Seite zu ziehen, bewusst Informationen zurückzuhalten oder Gerüchte zu verbreiten (Prudix, 2016).

Neben negativ wirkenden Effekten auf die Teamleistung können aber ebenso viele positive Effekte aufgezählt werden. Darunter fallen zum Beispiel schnellere Lerneffekte der Mitarbeiter durch den ständigen Austausch und Kommunikation innerhalb des Teams. Weiter ist es den Teammitgliedern möglich ihr volles Potenzial auszuschöpfen durch optimale Aufgabenadressierung im Team (Becker, 2016; Winquist & Larson, 1998). Zudem können bestimmte Charaktere im Team positiv wirken, dabei spielt die Zusammensetzung des Teams wiederum eine sehr wichtige Rolle (Litke, 2007). Teammitglieder mit hohem Teamgeist und Teamidentifikation setzen sich für das Team ein, machen das Projektteam nach außen sichtbar und steigern dadurch die Teamleistung (Becker, 2016; Prudix, 2016). Solche Teamkompetenzen sollten bereits bei der Personalauswahl identifiziert und bei Personalentscheidungen berücksichtigt werden (vgl. Abbildung 5). Bei Zusammenstellung von Kompetenzen im Team ergeben sich positive Effekte auf die Teamleistung, da durch die Kombination der Kompetenzen komplexere Aufgaben gelöst werden können (Litke, 2007). In einer Studie fanden Cewinska und Krasnova (2017) heraus, dass vor allem die Kooperation und das Zusammenleben im Team der Schlüssel für den Erfolg im Team sind. Abhängig von der Bedeutsamkeit der Aufgabe und der Identifikation der Mitarbeiter mit dem Projektziel, kann sich die Motivation und Leistung der Mitarbeiter steigern (Aubé & Rousseau, 2005; Somech, Desivilya & Lidogoster, 2009). Aufgabenbezogene Konflikte, wie die Diskussion über die beste Projektplanungssoftware, können sich somit auch als wertsteigernd für das Projekt herausstellen (Jehn & Chatman, 2000). Letztendlich ist die optimale Teamgröße nach Sterrer (2014) zu beachten, da in dieser Konstellation die Teameffekte und -synergien, wie der Austausch von Kompetenzen, die Kommunikation und die Zusammenarbeit am effektivsten sind.

3.1.3 Vergleich Einzel- und Teamleistung/-arbeit

Die Merkmale und Effekte der Einzelarbeit aus Kapitel 3.1.1 und der Teamarbeit aus Kapitel 3.1.2.2 geben Aufschluss darüber, welche Arbeitsmethodik in welcher Situation genutzt werden sollte. Denn je komplexer die Aufgabe wird, desto eher wird ein Team zur Lösung dieser benötigt.

Doch nicht immer ist ein Team die optimale Lösung, wie Becker (2016) bemerkt, denn in einigen Umständen gestaltet sich Einzelarbeit effektiver als Teamarbeit. So ergeben sich Nachteile in der Arbeit im Team durch einen erhöhten Zeitbedarf um Entscheidungen zu treffen sowie durch die Eigendynamik des Teams. Dadurch weicht das Team schnell von den Normen der Unternehmenskultur ab und etabliert eigene Normen innerhalb des Teams. Ein weiteres Problem stellen die erschwerte Bewertung der individuellen Leistungen der Teammitglieder sowie eine unklare Abgrenzung von Aufgaben und Verantwortungen dar (Becker, 2016; Holtbrügge, 2015). Vorteile der Gruppenarbeit zeigen sich hingegen in dem Abbau von Monotonie, Stressreduktion, verbesserten Kommunikationsmöglichkeiten und der Reduktion von geistigen Belastungen (Holtbrügge, 2015).

Bei dem Vergleich von Einzel- und Teamarbeit stellt sich die Frage, ob bei gleicher Anzahl von Mitarbeitern die Addition mehrerer Einzelleistungen höher ist als die Summe der Leistung im Team. Bei Betrachtung der Gesamtleistung, verschafft die Teamarbeit keinen Vorteil gegenüber der Einzelarbeit. Ist die Aufgabe prozessisoliert und nicht zu komplex, eignet sich die Addition von Einzelleistungen. Werden Aufgaben komplexer kann der Mitarbeiter die Aufgabe nicht mehr alleine bewältigen. Dann ist die Addition der Einzelleistung niedriger als die Teamleistung. Die Aufgaben können in Einzelarbeit nicht mehr bewältigt werden. Demnach hängt die Effektivität, Geschwindigkeit und Leistung mit der Art der Aufgabe zusammen. Danach sollte auch entschieden werden, ob die Arbeit einzeln oder in der Gruppe erledigt werden sollte (C. V. Haug, 2016; Katzenbach & Smith, 1993; Litke, 2007).

Zuletzt kann festgehalten werden, dass es wichtig ist eine sinnvolle Balance von Einzelarbeit und Teamarbeit zu finden. Die Persönlichkeiten im Team sind unterschiedlich, so sollte ein gemeinsamer Konsens im Projektteam herrschen, was in Einzelarbeit und was im Team bearbeitet werden sollte (Reuter, 2011).

3.2 Personalbewertungsmethoden

3.2.1 Anforderungen, Kriterien und Dimensionen der Personalbeurteilung

Die Beurteilung des Mitarbeiters, ob im Team oder individuell, spielt in allen Organisationen eine elementare Rolle. Die Personalbewertung ist der Hebel des Managements, um die Organisation an einer einheitlichen Unternehmenskultur zu orientieren und den unternehmerischen Erfolg zu garantieren. Denn der Erfolg des Unternehmens hängt von der Leistung der Mitarbeiter und Ihrem Beitrag zum Unternehmensergebnis ab (Abrell, Rowold & Flasche, 2015).

Der Prozess und der Ausdruck der Personalbewertung wird mit vielen Begriffen synonym verwendet. Die Leistungsbeurteilung wird dafür am häufigsten verwendet, weitere Synonyme sind die Mitarbeiterbeurteilung- oder -bewertung (Bechtel, Friedrich & Kerres, 2011; Miebach, 2016; Stierle, Glasmachers & Siller, 2017). Im Folgenden werden die Begriffe Leistungsbeurteilung, Personalbewertung und Personalbeurteilung synonym verwendet.

Die Hauptfunktion der Personalbewertung stellt die Ermittlung und Bewertung der Leistung eines Mitarbeiters dar. In der Personalbewertung treten viele Fragen auf, die in diesem Kapitel behandelt werden sollen, so zum Beispiel:

- Über welchen Zeitraum und wann soll der Mitarbeiter bewertet werden?
- Welche Kriterien sollen bei der Bewertung ausgewählt werden?
- Welche Verfahren sollen verwendet werden?
- Was sind Zweck, Funktion und Folge der Personalbewertung?

Die Personalbewertung charakterisiert und definiert sich anhand mehrerer Kriterien. Demzufolge sind die Kennzeichen der Personalbeurteilung regelmäßige und in gewissen Abständen stattfindende Beurteilungsgespräche, in welchen die Leistung und das Verhalten des Mitarbeiters bewertet werden. Dabei handelt es sich um ein standardisiertes Verfahren, welches in der Regel vom Vorgesetzten durchgeführt wird (Breisig, 1998). Während des Gespräches werden dem Mitarbeiter Informationen über seine Leistung und Ansätze zur Verbesserung der eigenen Leistung aufgezeigt. Darüber hinaus dient das Gespräch dazu, Entwicklungsmaßnahmen zu diskutieren und schafft die Grundlage für weitere administrative Entscheidungen (Drexler, Beehr & Stetz, 2001).

Schuler (2004b) führt wichtige Anforderungen einer erfolgreichen Personalbewertung auf. Demzufolge müssen zur erfolgreichen und systematischen Personalbewertung die Aufgaben des Mitarbeiters tätigkeitsbezogen sein und Prognosen und Verbesserungsmöglichkeiten zulassen. Des Weiteren wird in der Personalbewertung zwischen Personen differenziert, um Leistungen klar und fair vergleichen zu können. Diese Methode stellt auch ein Verfahren der Personalbewertung dar (vgl. Rangordnungsverfahren, Kapitel 3.2.2). Außerdem sollte nach Schuler die Personalbewertung in einer Weise gestaltet sein, dass leistungsrelevante Aspekte erfasst werden, und dass das Feedback erleichtert wird. Darüber hinaus sollte die Personalbewertung vielseitig verwendbar, transparent und informativ sein (Schuler, 2004b, S. 20).

3.2.1.1 Dimensionen zur Erfassung der Leistung

Bei der Erfassung der Leistung eines Mitarbeiters sind mehrere Aspekte zu berücksichtigen. Hierbei sollte bei der Messung der Leistung zwischen den Dimensionen der Leistung unterschieden werden.

Zur Messung der Leistung und der Einsortierung in die Dimensionen werden die Modelle von Borman und Motowidlo (1993) sowie Steinmann und Schreyögg (2005) kombiniert, welche in Abbildung 7 dargestellt sind. Dabei wird zwischen der aufgabenbezogenen Leistung und der umfeldbezogenen Leistung (Borman & Motowidlo, 1993) oder dem eigenschaftsorientierten, tätigkeitsorientierten und ergebnisorientierten Ansatz (Steinmann & Schreyögg, 2005) unterschieden. Bei aufgabenbezogenen Leistungen handelt es sich um alle Leistungen, die Teil eines Arbeitspaketes sind. Die erwartete Leistung richtet sich nach den Arbeitspaketen, festgehalten in der Stellenbeschreibung (Abrell et al., 2015). Die umfeldbezogenen Leistungen hingegen beziehen sich auf die Verhaltensweise der Mitarbeiter während der Arbeit. Zur Verhaltensweise eines Mitarbeiters gehört zum Beispiel der Umgang mit den Kollegen, die Unterstützung von Kollegen, der Umgang mit dem Vorgesetzten oder die Motivation zur Arbeit (Abrell et al., 2015).

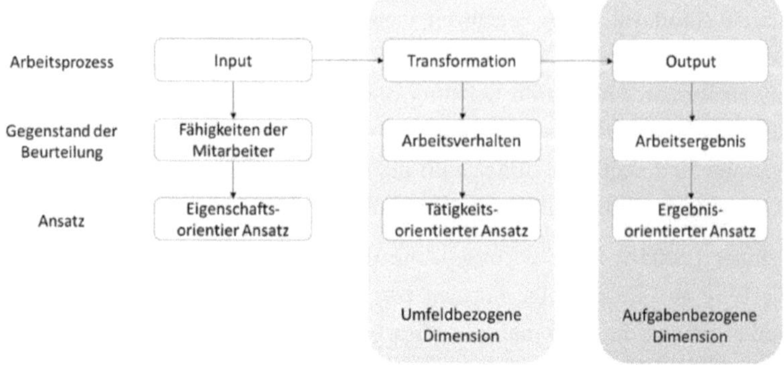

Abbildung 7: Ansatz und Dimension der Leistungserfassung (in Anlehnung an Steinmann & Schreyögg, 2005, S. 796, Abb. 14.1)

Die Dimensionen von Steinmann und Schreyögg (2005) werden durch das Modell von Borman und Motowidlo (1993) um den eigenschaftsorientierten Ansatz ergänzt. Der eigenschaftsorientierte Ansatz der Leistungserfassung umfasst die Persönlichkeit des Mitarbeiters sowie seine Loyalität, Intelligenz oder Kreativität. Dieser Ansatz gilt als Mittel zur Potenzialanalyse (vgl. Potenzialbeurteilung, Kapitel 3.2.2) und als Grundlage für die Personalentwicklung. Aus diesem Grund ist der eigenschaftsorientierte Ansatz im engeren Sinne kein Teil der Leistungsbeurteilung (Steinmann & Schreyögg, 2005).

Der tätigkeitsorientierte Ansatz beschreibt, ähnlich der umfeldbezogenen Dimension, wie ein Mitarbeiter arbeitet. Dabei werden die Arbeitsqualität, -quantität und der Arbeitseinsatz bewertet. Wenn die Arbeitsquantität anhand einer messbaren Größe, wie zum Beispiel die Anzahl bearbeiteter Aufträge bemessen wird, wird von einem ergebnisorientierten Ansatz gesprochen. Jedoch kann dieser Ansatz nicht für alle Dimensionen genutzt werden, da das betriebliche Zusammenwirken beispielweise schwer zu messen ist und auf einer subjektiven Beurteilung beruht. Der ergebnisorientierte Ansatz erfordert klare Messgrößen, wohingegen die tätigkeitsorientierte Ansatz anhand von Skalen bewertet werden kann (Breisig, 1998).

3.2.1.2 Kriterien

Um die zuvor genannten Anforderungen der Personalbewertung zu erfüllen, müssen die Kriterien zur Personalbeurteilung mit Sorgfalt definiert und ausgewählt werden. Die wichtigste Funktion der Kriterien in der Personalbewertung sind das mögliche Erfassen und Messen von Leistungen, und die daraus resultierenden Ergebnisse einheitlich präsentieren zu können (Abrell et al., 2015). Ansätze von objektiven und subjektiven Kriterien gibt Lohaus (2008), welche in Abbildung 8 dargestellt sind:

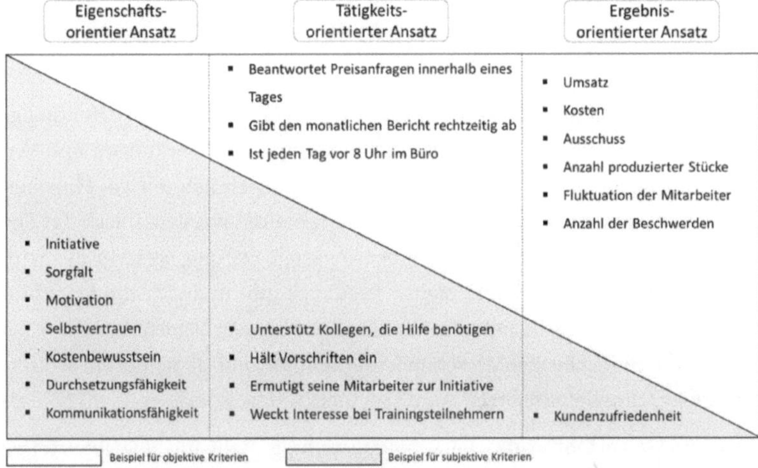

Abbildung 8: Beispiel für Kriterien in der Personalbewertung aus Lohaus, 2008, S.51, Abb. 12 ergänzt durch die Ansätze nach Steinmann & Schreyögg, 2005

Zur Messung der Teamleistung und des Beitrags des einzelnen Mitarbeiters hat London (2007) wesentliche Kriterien herausgearbeitet. Als wichtige Kriterien zur Bewertung der Leistung gelten unter anderem die Einstellung des Mitarbeiters zur Arbeit, zum Team und das Unterrichten oder Anlernen von Teammitgliedern. Darüber hinaus erwähnt London, dass Mitarbeiter daran bemessen oder bewertet werden können, wie offen diese zu neuem Wissen und Prozessen gegenüberstehen und wie mit Konflikten umgegangen wird. Numerisch erfassbare Kriterien der Gruppenbewertung sind zum Beispiel Anwesenheit, Anzahl von Meetings oder das Erreichen von Projektzielen.

Eine komplette Erfassung der Leistung eines Mitarbeiters, wie John und Maier (2007) statieren, sei jedoch beinahe unmöglich, unabhängig davon wie viele Kriterien genutzt werden (John & Maier, 2007).

3.2.2 Verfahren der Personalbeurteilung

Abhängig von der Form der Leistungsbeurteilung können unterschiedliche Beurteilungsverfahren angewandt werden. Bei der Leistungsbeurteilung wird zwischen drei Arten unterschieden: Die Potenzialbeurteilung, das tägliche Feedback und die Regelbeurteilung (Schuler, 2004a; Stierle et al., 2017).

Die Potenzialbeurteilung dient zur Einschätzung von Potenzialen eines Mitarbeiters. Dabei beziehen sich die Potenziale auf die Kompetenzen und Fähigkeiten eines Mitarbeiters, welche die zukünftige Leistungsfähigkeit des Mitarbeiters prognostiziert. Diese Form der Beurteilung findet generell Anwendung in der Personalauswahl, um den besten Kandidaten mit dem höchsten Potential zu identifizieren (Schuler, 2004a; Stierle et al., 2017).

Das tägliche oder „day-to-day" Feedback wird zur Verhaltensbeurteilung genutzt. Dabei gibt der Vorgesetzte täglich Rückmeldungen, Anmerkungen und Verbesserungsvorschläge zur Arbeit der Mitarbeiter. Dadurch können die Mitarbeiter gezielt vom Vorgesetzen entwickelt und weitergebildet werden. Durch das Feedback kann der Lernprozess des Mitarbeiters angeregt werden, welcher am wirksamsten ist, wenn der Vorgesetzte täglich Feedback gibt und sich direkt auf die Leistung des Mitarbeiters bezieht. Durch das direkte unverzögerte Feedback kann der Mitarbeiter mögliche Fehler schneller erkennen und akzeptieren, wodurch der Lerneffekt schneller einsetzen kann (Schuler, 2004a; Stierle et al., 2017).

Ein weiteres Verfahren der Personalbeurteilung stellt die Regelbeurteilung dar, welche sich durch die regelmäßige und sich wiederholende Form der Beurteilung kennzeichnet. Regelmäßige Abstände der Leistungsbeurteilung sind in diesem Zusammenhang in Form von periodischen, jährlichen oder anlassbezogenem Feedback gegeben (Stierle et al., 2017), jedoch wird die Regelbeurteilung in Unternehmen am häufigsten in Form von jährlichen Feedbackgesprächen umgesetzt (Schuler, 2004a). Dabei wird die Leistung eines Mitarbeiters erfasst und ausgewertet. Das Ergebnis der Beurteilung wird mit den Zielen aus dem Vorjahr verglichen, wodurch klar abgegrenzt wird, ob Ziele teilweise, vollkommen oder gar nicht erreicht wurden. Mit dem Abschluss der Regelbeurteilung werden die Ziele des Mitarbeiters für das nächste Jahr definiert, wobei Aspekte der Karriereplanung mit einbezogen werden sollten. Bei der Gestaltung der Beurteilung sollte sichergestellt werden, dass diese wiederholbar und vergleichbar ist. Aus diesem Grund werden im Vorfeld der Beurteilung die Bewertungsdimensionen und -

kriterien (vgl. Kapitel 3.2.1) einmalig bestimmt (Abrell et al., 2015; Schuler, 2004a; Stierle et al., 2017).

Zur Einstufung oder Bewertung des Mitarbeiters werden verschiedene Verfahren beziehungsweise Skalen genutzt. Zu den Verfahren der Einstufung gehören das Einstufungsverfahren oder das Rangordnungsverfahren (Becker, 2009; Jung, 2011). Bei einem Einstufungsverfahren werden die Mitarbeiter anhand ausgewählter Kriterien auf einer Skala von eins bis fünf bewertet, wobei fünf besonders zutreffend ist. Das Einstufungsverfahren wird am häufigsten in der Praxis genutzt (Becker, 2009; Jung, 2011). Beim Rangordnungsverfahren werden die Mitarbeiter paarweise verglichen und in eine Rangfolge einsortiert. Dieses Verfahren findet jedoch in der Praxis weniger Anwendung (Becker, 2009; Schuler & Marcus, 2001).

3.2.3 Funktion, Zweck und Ziele der Personalbeurteilung

Die Personalbewertung erfüllt wichtige Funktionen für das Unternehmen und den Mitarbeiter. Dabei kann das Unternehmen die Personalbeurteilung unter anderem

- als Entscheidungshilfe bei der Personalauswahl,
- als Instrument zur Auswahl und Gestaltung der Personalentwicklung und
- als Hilfsmittel für die Bestimmung des Entgelts nutzen (Schuler, 2004a; Stehle, 1999).

Die Personalbeurteilung bietet sich als Entscheidungshilfe für Personalentscheidungen an, weil Auskunft über die aktuellen Leistungen und Kompetenzen des Mitarbeiters gegeben werden. Unter Personalentscheidungen fallen unter anderem die Beförderung, Versetzungen oder Kündigungen. Mithilfe der gesammelten Informationen kann das Unternehmen eine Entscheidung treffen, ob der Mitarbeiter in der aktuellen Stelle sein volles Potenzial ausschöpfen kann oder die Anforderungen der Stelle nicht erfüllt (Stierle et al., 2017).

Außerdem eröffnet die Personalbeurteilung Möglichkeiten zur Entwicklung und Förderung des Personals. Durch die Beurteilung können Kompetenzlücken, Potenziale (Stierle et al., 2017) und Ziele der Mitarbeiter identifiziert werden. Dazu gehören zum Beispiel Fortbildungsmaßnahmen, die Erweiterung von Aufgaben (Schuler, 2004a) oder der Ausbau von Führungsqualitäten und -kompetenzen (Krohne & Hock, 2007). So können Erkenntnisse aus der Personalentwicklung und -planung auch entscheidend für zukünftige Einsätze in Projekten oder Teams sein (London, 2007).

Eine weitere Funktion der Personalbewertung ist die Entlohnung. Abhängig von der Leistung und Zielerreichung der Mitarbeiter, können Entscheidungen über Gehaltserhöhungen, variablen Boni und sonstigen Zuschüssen getroffen werden (Abrell et al., 2015). Dadurch wirkt die Personalbewertung als betriebseigenes System zur Motivations- und Leistungssteigerung der Mitarbeiter (Krohne & Hock, 2007). Des Weiteren dient die Personalbeurteilung zur allgemeinen Leistungsverbesserung, wenn die Verfahren des täglichen Feedbacks oder der Regelbeurteilung zum Einsatz kommen können (vgl. Kapitel 3.2.2).

Das Feedback der Mitarbeiter aus dem Beurteilungsgespräch kann wiederum vom Unternehmen verwendet werden, um die eingesetzten Human Resource-Systeme (HR-Systeme) zu evaluieren und die Arbeitsbedingungen zu verbessern. Die HR-Systeme umfassen dabei alle Maßnahmen in der Personalentwicklung, die Personalauswahl und die Anreizsysteme des Unternehmens (Schuler, 2004a). Das Anreizsystem wird als Folge der Personalbewertung in Kapitel 3.3 weiter ausgeführt.

Eine besondere Betrachtung der Funktionen und Ziele der Personalbeurteilung gilt dem Team. Dabei kann sich die Beurteilung der Arbeitsqualität und -leistung sowohl auf das Team als auch auf den einzelnen Mitarbeiter beziehen. Mit dem Abschluss des Beurteilungsgespräches ist es dem Team möglich, sich über die Bewertungsmethode auszutauschen. Darauffolgend kann dem Management mitgeteilt werden, ob das Team einzelne oder gemeinschaftliche Ziele bevorzugt. Die Bewertung des Teams stellt eine besondere Herausforderung dar. Die Projektmitarbeiter sind in verschiedenen Fachbereichen tätig und leisten unterschiedliche, nicht vergleichbare Beiträge zum Projektergebnis, wodurch eine gerechte Bewertung erschwert wird (Drexler et al., 2001). Einen Ansatz zur erfolgreichen Beurteilung des Teams haben McGourty und Reilly (1998) aufgestellt. Die Autoren heben hervor, dass Kriterien in der Bewertung für das Team festgelegt werden sollen, welche zum Beispiel das Verhalten der Teammitglieder enthalten sollte. Dabei kann als mögliches Verfahren der Teambewertung eine Umfrage genutzt werden, an jener das gesamte Team teilnehmen kann. Diese Umfrage wird vom Vorgesetzten eingesammelt und die Ergebnisse anonymisiert. Die Umfrage sollte jedoch, genau wie die Regelbeurteilung, standardisiert und wiederholbar sein (London, 2007).

3.2.3.1 Teilnehmer beim Beurteilungsgespräch

In der Regel sind an einem Beurteilungsgespräch zwei Parteien beteiligt, diejenigen die beurteilen und diejenigen die beurteilt werden. Dabei wird der Mitarbeiter in den meisten Fällen vom direkten Vorgesetzten bewertet, welcher durch die tägliche Zusammenarbeit mit dem Mitarbeiter am besten zur Beurteilung qualifiziert ist (Abrell et al., 2015). Weitere Beurteiler können Vorgesetze aus höherer Hierarchiestufe sein. Diese können jedoch aufgrund des mangelnden täglichen Austausches nur den ergebnisorientierten Ansatz (vgl. Abbildung 7) gerecht bewerten können (Abrell et al., 2015). Der tätigkeitsorientierte Ansatz kann lediglich auf der Grundlage von Status-Meetings bewertet werden, wodurch die Wahrnehmung nur auf wenige Ereignisse begrenzt ist. Selbst der direkte Vorgesetze wird bei größerer Anzahl an Teammitgliedern Probleme in der Bewertung des tätigkeitsorientierten Ansatzes erfahren. Denn desto größer das Team umso schwerer ist die Bewertung des tätigkeitsorientierten Ansatzes (Abrell et al., 2015), da der direkte Vorgesetzte weniger Zeit mit den einzelnen Mitarbeitern zusammen verbringt, um die umfeldbezogene Dimension genau erfassen zu können.

Eine weitere Ebene der Bewertung in der Personalbeurteilung kann durch einen gleichgestellten Mitarbeiter erfolgen. Die Bewertung durch gleichgestellte Mitarbeiter kann jedoch zu Rollenkonflikten (vgl. Konflikte, Kapitel 2) (Abrell et al., 2015) und einer verzerrten Bewertung führen, da die Mitarbeiter sich selber besser darstellen wollen.

Unabhängig von der Position des Beurteilenden spielt es eine wichtige Rolle wie erfahren und qualifiziert der Beurteiler ist, um ein besseres und konstruktiveres Feedback geben zu können (Abrell et al., 2015). Die Beurteiler sollten demnach geschult sein, auf welche Art und Weise Feedback gegeben wird und Kompetenzen im Rahmen ihrer eigenen Regelbeurteilung als Personalentwicklungsmaßnahme vermittelt bekommen.

3.2.3.2 Konflikte in der Personalbewertung

Die Personalbewertung bietet ein hohes Maß an Konfliktpotenzial. Bleiben diese Konflikte unausgesprochen oder ungeklärt, können sich diese tief in der Motivation der Mitarbeiter verankern. Die größten Konflikte treten dabei während der Verteilung von Ressourcen auf, sogenannte Verteilungskonflikte (vgl. Konflikte in Kapitel 2). Die Verteilungskonflikte stehen in Verbindung mit den Anreizsystemen (vgl. Kapitel 3.3) eines Unternehmens. Weitere Konfliktthemen entstehen durch die Arbeit an sich oder die Arbeitsbedingungen, welche sich in Sach- und Rollen-konflikte wiederspiegeln (Miebach, 2016).

3.3 Anreizsysteme infolge der Personalbewertung

In Kapitel 3.2 sind wesentliche Elemente der Personalbeurteilung diskutiert worden, wobei die Begriffe Anreizsysteme und Entlohnung als eine Folge der Personalbewertung vorgestellt wurden. Diese Begriffe werden in diesem Kapitel weitere ausgeführt und auf die Erkenntnisse aus Kapitel 3.2 aufgebaut.

Anreize sind Instrumente, um bestimmte Entscheidungen bei einem Mitarbeiter hervorzurufen (Stierle et al., 2017). Der Begriff Anreizsystem definiert hierbei das systematische Nutzen von Anreizen zur Gestaltung von Verhaltensweisen von Mitarbeitern (Berthel & Becker 2010).

Anreizsysteme in Unternehmen nutzen sowohl materielle als auch nicht-materielle Anreize. Zu den nicht-materiellen Anreizen gehören zum Beispiel Förderungsmaßnahmen, Work-Life Balance Angebote oder das Maß an Autonomie. Materielle Anreize hingegen beziehen sich auf Geld oder geldwerte Vorteile, wie der tarifliche Lohn oder die Gewinnbeteiligung, welche im Folgenden als Vergütungssysteme oder Entgeltsysteme benannt werden (Bormann, 2015; Holtbrügge, 2015; Stierle et al., 2017). Das Entgeltsystem ist das Verfahren der Entlohnung von Mitarbeitern, welches als der Austausch von Arbeitsleistung mit materieller Gegenleistung zu definieren ist (Böhrs, 1980). Dabei erhalten Mitarbeiter häufig eine Kombination von materiellen und nicht-materiellen Anreizen (Holtbrügge, 2015). Bei der Leistungsvergütung muss der Arbeitgeber jedoch eventuell auf die gesetzlichen Vorschriften, wie den Tariflohn achten (Bormann, 2015). Positive Anreize die Unternehmen nutzen, sind unter anderem Bonuszahlungen, Belohnungen oder Unternehmungen (Berthel & Becker 2010). Diese Anreize sollen den Mitarbeiter motivieren eine bessere Leistung im Projekt zu erbringen (Berthel & Becker 2010) und sich somit erfolgsbringend für das Unternehmen auswirken (Jost & von Bieberstein, 2013; Stierle et al., 2017). Nicht-materielle Anreize gewinnen in der heutigen Arbeitsgesellschaft an Bedeutung, dennoch bleiben materielle Anreize das Grundgerüst der Entlohnung. Die individuelle Entlohnung und Belohnung ist in Unternehmen üblich, kann jedoch Gefahren bergen, wie in der Forschungsfrage dieser Arbeit diskutiert wird (Stierle et al., 2017). Stierle et al. (2017) heben hervor:

Individuell ausgerichtete materielle Anreize erzielen häufig nicht die erwünschte Wirkung und können sogar kontraproduktiv sein, indem sie z. B. die intrinsische Motivation der Mitarbeiter beeinträchtigen. Dort, wo weiterhin individuelle Leistung belohnt werden soll, muss genau auf diese möglichen negativen Auswirkungen geachtet werden. (S. 137)

In Projekten ist die intrinsische Motivation von Grund auf besonders hoch (Huemann, 2017), sodass der von Stierle et al. beschriebene Effekt in Projekten häufiger auftreten könnte. Eine weitgehende Analyse und Auswertung des Problems wird in Kapitel 4.2 vorgestellt. Darüber hinaus können negative Anreize wie Sanktionen genutzt werden, um negative Verhaltensweisen der Mitarbeiter zu reduzieren (Berthel & Becker, 2010). Weiter kann das Anreizsystem mit Gruppenanreizen ergänzt werden, welche anhand von Teamleistungskriterien (vgl. Kapitel 3.2.1.2) bemessen werden können.

3.3.1 Arten der Entlohnung

Die Entgeltsysteme zur Ausschüttung des Lohns lassen sich in drei Gruppen unterteilen: Der Grundlohn, der Soziallohn und die variable, leistungsbezogene Entlohnung. Dabei stellt der Grundlohn das Grundgerüst der Entlohnung dar. Der Grundlohn dient zur Kompensation der täglichen Arbeitsleitung (Bormann, 2015; Bühner, 2005; Miebach, 2016). Im Folgenden sollen die drei Lohnarten präsentiert und dabei auf Abbildung 9 veranschaulicht werden.

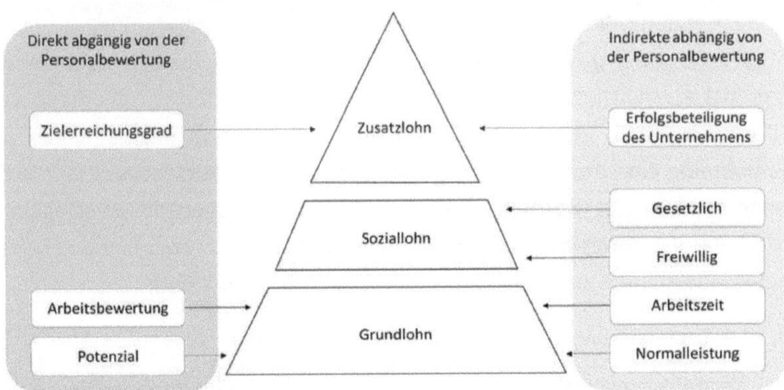

Abbildung 9: Arten der Entlohnung (in Anlehnung an Bühner, 2005, S. 143, Abb. 3.2)

3.3.1.1 Grundlohn

Der Grundlohn beschreibt die Erfüllung des im Vertrag festgelegten Arbeitsaufkommens, welches eine vertraglich vereinbarte Arbeitszeit von beispielsweise 40 Stunden umfasst. Diese Arbeitsleistung wird in regelmäßigen Abständen vergütet, dies geschieht meist monatlich mittels eines fixen Entgelts (Bormann, 2015; Holtbrügge, 2015; Miebach, 2016). Dabei geht der Arbeitgeber davon aus, dass der Mitarbeiter seine Arbeit in Normalleistung erledigt (Bormann, 2015; Holtbrügge, 2015).

3.3.1.2 Soziallohn

Der Soziallohn umfasst eine zusätzliche Vergütung durch den Arbeitgeber und ergänzt den Grundlohn, welcher unabhängig von der Arbeitsleistung gezahlt wird (Bühner, 2005; Drumm, 2008). Der Soziallohn hängt von dem sozialen Status des Mitarbeiters ab (Bormann, 2015; Bühner, 2005). Zu unterscheiden ist zwischen vorgeschriebenen und freiwilligen Sozialleistungen. Der gesetzlich vorgeschriebene Soziallohn setzt sich aus den Arbeitgeberanteilen zur Renten- und Krankenversicherung sowie tarifliche Sozialleistungen wie das Urlaubsgeld zusammen. Freiwillige Sozialleistungen sind unter anderem die betriebliche Altersvorsorge, Entgeltfortzahlungen im Krankheitsfall oder das 13. Monatsgehalt (Berthel & Becker, 2010; Bormann, 2015; Bühner, 2005).

3.3.1.3 Zusatzlohn

Der Zusatzlohn oder die variable Entlohnung wird durch die Zielerreichung der Mitarbeiter oder des Teams anhand vorab festgelegter Kriterien bestimmt. Wird das Ziel erreicht oder übertroffen, wird der Mitarbeiter entsprechend vergütet (Bormann, 2015; Bühner, 2005; Miebach, 2016). Damit beinhaltet die variable Entlohnung eine Anreizfunktion, da die Leistung des Mitarbeiters an die Entlohnung verknüpft ist (Bormann, 2015). In einer leistungsgerechten variablen Vergütung werden somit bei gleicher Aufgabe und Anforderung, bessere Leistungen eines Mitarbeiters zusätzlich vergütet (Kupsch & Marr, 1990).

3.3.1.4 Teamleistungsvergütung

Die Teamleistungsvergütung wird, wie die individuelle variable Vergütung, anhand der Erreichung von Zielen gemessen. Die Teamleistungsvergütung wird für Ziele eingesetzt, die die Teamleistung fördern oder aus der Unternehmenskultur abgeleitet werden können. Ein Teamziel könnte zum Beispiel eine höhere Kooperation in der Gruppe sein. (Watzka, 2011). Dabei sollten die Teamziele mit den

Unternehmenszielen übereinstimmen (Miebach, 2016). Ein Beispiel dazu wäre, wenn das Unternehmen einen neuen Plan zur Kostensenkung vorstellt, der Projektleiter von dem Projektteam aber keine Kostensenkungen fordert. Dadurch könnten die Mitarbeiter an den Zielen des Projektes zweifeln. Eine Studie aus den Jahren 2005 und 2006 hat acht Großunternehmen zur Motivation von Einzel- und Gruppenzielen befragt. Die Studie hat ergeben, dass 52% der Mitarbeiter Individualziele als motivierender im Gegensatz zu Gruppenzielen bewerten (Watzka, 2011). Außerdem hat sich aus der Studie herausgestellt, dass Gruppenziele von jüngeren Mitarbeitern positiver bewertet werden. Wegge (2004) fügt hinzu, dass erst von Gruppenzielen gesprochen werden kann, wenn alle Gruppenmitglieder dasselbe Ziel teilen.

Bei der Teamleistungsvergütung muss der Team-Bonus auf die verschiedenen Projektmitglieder ausgeschüttet werden. Hierbei werden drei Verteilungsarten genutzt (Eyer & Haussmann, 2014):

- die absolut gleiche Verteilung,
- die relativ gleiche Verteilung,
- die individuelle leistungsabhängige Verteilung.

Zu den unterschiedlichen Verteilungsarten ist ein Beispiel aus dem Szenario in Abbildung 10 dargestellt.

Bei der absolut gleichen Verteilung erhalten alle den gleichen Bonus, unabhängig von ihrem Gehalt. Bei der relativ gleichen Verteilung erhalten alle Mitarbeiter einen Bonus in Form von beispielsweise elf Prozent des Grundeinkommens. Die individuell leistungsbezogene Verteilung, teilt den Teambonus, entsprechend der Leistung des einzelnen Mitarbeiters auf.

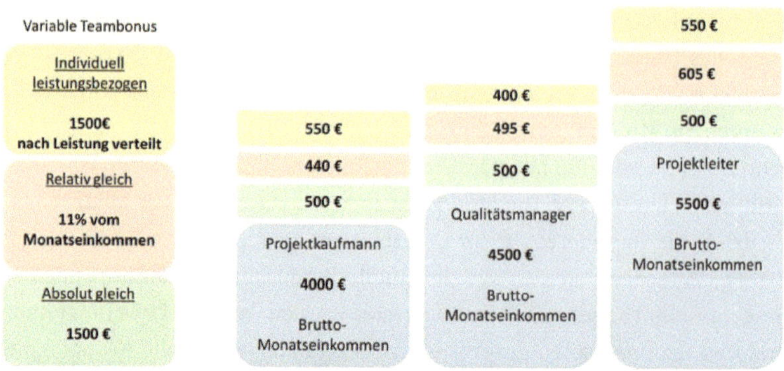

Abbildung 10: Verteilungsarten der Entlohnung (in Anlehnung an Eyer & Haussmann, 2015, S. 98ff., Abb. 20-22)

Während der Entlohnung können Verteilungskonflikte im Team entstehen, da Leistungen und die daran gebundenen Prämien nicht genau erfasst werden können (vgl. John & Maier, 2007, Kapitel 3.2.1.2). Dabei spielt die gerechte Verteilung von Boni eine wesentliche Rolle für die Mitarbeiter. Werden die Mitarbeiter nämlich ungerecht beurteilt, lässt deren Leistung und Motivation nach (Wegge 2004).

„Keinesfalls darf aber eine Leistung für die Gemeinschaft durch den Verlust individueller Belohnung bestraft werden." (Becker, 2016, S. 28).

Becker (2016) fasst die Gefahr ungerechter Bewertung und den daraus hervorgehenden unzufriedenen Mitarbeitern in einem Satz zusammen.

3.3.2 Ziel der Entlohnung

Das Ziel der Entlohnung stellt die Motivation von Führungskräften und Mitarbeitern dar. Durch die Entlohnung können Mitarbeiter angeregt werden im Sinne des Unternehmens zu handeln (Stock-Homburg, 2010). Weitere Ziele der Entlohnung sind die Sicherheit der finanziellen Grundversorgung für die Mitarbeiter sowie die Selektion und Bindung der Mitarbeiter (Stock-Homburg, 2010).

3.3.3 Forschungsstand

In dem Gebiet der Anreizsysteme wurden bereits mehrere Studien durchgeführt und Analysen präsentiert. In diesem Kapitel werden einige Studien vorgestellt und in den Zusammenhang dieser Bachelorarbeit einsortiert.

Die erste Studie beruht auf den Forschungen von Garbers und Konradt (2014), welche eine Meta-Analyse über 154 Studien durchgeführt haben. Die ausgewählten Studien handeln von individuellen und teambasierten materiellen Anreizen und deren Einfluss auf die Mitarbeiterleistung. Dabei hat die Meta-Analyse ergeben, dass die Entlohnung von Teams einen starken Effekt auf die Motivation und Leistung der Teams hat. Weiter zeigt das Ergebnis der Studie auf, dass gerecht verteilte Boni zu höheren Leistungen führen als gleich verteilte Boni (Garbers & Konradt, 2014). Darüber hinaus haben Garbers und Konradt (2014, S.107) mehrere Studien zum Einfluss verschiedener Vergütungsmodelle auf die Effektivität des Teams analysiert. Die Studien ergaben, dass Vergütungssysteme einen direkten Einfluss auf den Informationsaustausch, die Produktivität und die Teameffektivität haben (Campion, Medsker, & Higgs, 1993; Campion, Papper, & Medsker, 1996). Andere Studien zeigten hingegen keine Effekte (Magjuka & Baldwin, 1991; Wageman, 1995). Außerdem ist nach den Ergebnissen von Honeywell-Johnson und Dickinson (1999) die Erfassung von individuellen Beiträgen zur Teamleistung einfacher zu koordinieren, wenn das Team kleiner ist. Mit der Erkenntnis, dass die Entlohnung von Teams zur Motivationssteigerung führt, schlagen Garbers und Konradt vor, die Entlohnung an ein fähiges Beurteilungssystem zu koppeln. Das Beurteilungssystem sollte für Teams geeignet sein und von dem Management erstellt werden. Außerdem bestätigen Buchheit, Dalton, Downen und Pippin (2012) in ihrer Studie aus 2012, dass die Personalbewertung und daran gekoppelte Anreize sich positiv ergänzen und die Leistung verbessern können.

Mossholder und Richardson haben im Jahr 2011 eine Analyse von Studien zu Personalbewertungssystemen und Anreizsystemen durchgeführt und haben die Erkenntnisse in einem Journal Artikel zusammengefasst. Mossholder und Richardson (2011) heben dabei das Experiment von Bamberger und Levi (2009) hervor, welches die Effekte von der gemeinschaftlichen materiellen Vergütung und anschließende Anreize analysiert. Denn das Experiment deckte auf, dass Anreize die gleich verteilt sind, die Kommunikation und den Informationsaustausch negativ beeinflussen. Darüber hinaus deckte die Studie auf, dass die Leistungsbeurteilung letztendlich mehr zur Bewertung der Mitarbeiter eingesetzt wird, als dass sie ein Werkzeug der Personalentwicklung ist. Zudem ergaben weitere Studien von Price, Harrison, Gavin, und Florey (2002), dass Anreize auf Basis von Teamleistung die Kooperation im Team bestärken.

Eine weitere interessante Studie über den Effekt von Anreizen auf die Entscheidungsqualität wurde 2010 von Kelly durchgeführt. Diese fand bei einem Experiment mit mehr als 200 Studenten heraus, dass der Gruppenbonus effektiver ist als der individuelle Bonus. Das spiegelt sich vor allem im Informationsaustausch und in der Entscheidungsfindung wider. Nach der Studie könnte auch ein materieller Anreiz für den Informationsaustausch die Leistung nicht steigern, wenn die individuelle Entlohnung überwiegt (Kelly, 2010).

Naranjo-Gil, Cuevas-Rodríguez, López-Cabrales, und Sánchez (2012) beschäftigen sich in ihrer Abhandlung „The Effects of Incentive System and Cognitive Orientation on Teams" mit Anreizsystemen und deren Auswirkungen auf die Teamleistung und -mentalität. Dabei unterscheiden Naranjo-Gil et al. zwischen kollektivistischer oder individualistischer Orientierung von Mitarbeitern. Kollektiv meint, dass die Interessen des Einzelnen niedriger als die der Gruppe sind. Eine individualistische Orientierung eines Mitarbeiters beschreibt das Gegenteil: Zuerst wird an sich selbst gedacht und danach an das Team. Nach einem laboratorischen Experiment mit 184 Teilnehmern zeigen Naranjo-Gil et al. auf, dass Teammitglieder mit einem kollektiven Gedankengut höhere Teamleistungen erbringen als individualistische Teammitglieder. Dieser Tatbestand ist unabhängig von dem Anreizsystem, wie es in vielen anderen Modellen beschrieben ist (Naranjo-Gil et al., 2012).

3.4 Projekterfolg

3.4.1 Definition von Projekterfolg

Der Projekterfolg definiert ein Projekt, welches in der vorgegebenen Zeit, alle aufgeführten Anforderungen aus dem Lastenheft erfüllt und das Budget eingehalten hat (Fortune, White, Jugdev & Walker, 2013; Jakoby, 2015; Köhler & Oswald, 2009; Motzel, 2010; Rosenstiel, Braumandl, Wastian & West, 2018). Demzufolge lässt sich der Projekterfolg an der Erfüllung der Kriterien des magischen Zieldreiecks bestimmen, welches Kosten, Zeit und Qualität sind (GPM, 2014; Jakoby, 2015; Lappe, Campana & Schott, 2006). Die Deutsche Gesellschaft für Projektmanagement (GPM, 2014) setzt voraus, dass alle Stakeholder des Projektes mit dem Resultat zufrieden sein müssen, um das Projekt als erfolgreich zu beurteilen. Das Topmanagement legt die Erfolgsfaktoren (Kühl, 2016) und Erfolgskriterien (Lechler & Gemünden, 1998) für Teams anhand der Unternehmensziele fest. Durch den Wechsel des Topmanagements können die Unternehmensziele und Erfolgsfaktoren neu ausgerichtet werden, wodurch der Projekterfolg anders bewertet werden könnte. Folglich steht der Projekterfolg in starker Abhängigkeit vom Topmanagement (Kühl, 2016; Lechler & Gemünden, 1998).

Die Bestimmung der Kriterien ist darauffolgend die Grundlage für die Evaluation des Projekterfolges zum Projektabschluss (Meyer & Reher, 2016). Damit geht einher, dass ein Projekterfolg erst zu einem Zeitpunkt bestimmt werden kann, wenn die Resultate aus einer Beurteilung ausgewertet wurden (Meyer & Reher, 2016).

Am Beispiel des in dieser Arbeit verwendeten Szenarios des Windparks Norddeutschland, würde dieses erst als Erfolg gewertet werden, wenn:

- die Kosten für die Errichtung des Windparks im Budget bleiben,

- die Inbetriebnahme der Windenergieanlagen mit oder vor dem vereinbarten Datum erfolgt

- und die Funktionalität sowie Qualität der Anlagen gewährleistet ist.

Hinzuzufügen ist, dass die Stakeholder, das heißt vor allem der Kunde, das eigene Management und das Team mit dem Resultat zufrieden sind und das Projekt selbst als Erfolg bezeichnen (Davis, 2014).

Bei dem Projekterfolg lässt sich des Weiteren zwischen Abwicklungs- und Anwendungserfolg unterscheiden, welche von Meyer und Reher (2016) und Motzel (2010) näher vorgestellt wurden. Der Abwicklungserfolg bezieht sich dabei auf den Grad der Effizienz im Projekt. Der Grad der Effizienz ist das Verhältnis der eingesetzten Ressourcen, um die Leistungen innerhalb der vorgebebenen Zeit und innerhalb des vorgegebenen Budgets zu erfüllen. Der Anwendungserfolg beschreibt den Nutzen, den der Kunde nach dem Projekt erfährt, welche die mittel- und langfristigen Auswirkungen des Projektes sind. Die Sicherstellung des Projekterfolges sollte bereits während des Projektes überprüft werden (Meyer & Reher, 2016; Motzel, 2010). Bezogen auf den Windpark Norddeutschland wäre der Anwendungserfolg, wenn der Windpark viele Jahre grüne Energie produziert. Der Abwicklungserfolg ist die Übergabe des Windparks in der vorgegebenen Zeit, mit möglichst optimalen Ressourceneinsatz und innerhalb des Budgets.

Albert, Balve und Spang (2017) haben in ihrem „Literatur Review" herausgearbeitet, dass der Projekterfolg in der Norm ähnlich ist, es aber Abweichungen gibt. So fassen Albert et al. zusammen, dass der Projekterfolg ein mehrdimensionales Konzept ist. Denn der Projekterfolg kann eine andere Bedeutung für jeden Mitarbeiter haben, so ist dies abhängig von der Persönlichkeit, der Position oder der Einstellung des Mitarbeiters zum Projekt (Jugdev & Müller, 2005).

Durch die Bewertung des Projekterfolges durch Erfolgskriterien, welche einheitlich im Unternehmen genutzt werden, können Projekte verglichen werden. Der

Vergleich von Projekten kann zur Weiterentwicklung des Projektmanagements im Unternehmen genutzt werden (Lam, Chan A. & Chan D., 2008). Hinzuzufügen ist, dass durch den Projektvergleich bessere Erfolgskriterien ausgewählt und Ressourcen besser verteilt werden können (Piscopo, Sbragia & Thamhain, 2010).

3.4.2 Projekterfolg erfassen

Die Messung des Projekterfolges kann mittels eines Soll-Ist-Vergleiches erfolgen. Dabei können die Kosten anhand eines Abgleichs von geplantem Projektbudget und tatsächlichen Kosten erfasst werden, welches die Aufgabe des Projektcontrollings ist. Die Termintreue kann durch einen einfachen Abgleich von dem geplanten Fertigstellungstermin mit dem tatsächlichen Fertigstellungstermin beschrieben werden (Lappe et al., 2006). Das Messen des Grades wie erfolgreich das Projekt ist, hängt jedoch von der Komplexität und der Häufigkeit der Projektänderungen ab. Ein einfaches Projekt mit wenigen Änderungen lässt sich einfacher messen als ein komplexes Projekt mit vielen Änderungswünschen durch die Stakeholder (Noé, 2016).

Jakoby (2015) zeigt auf, dass Meilensteine im Projekt als Mittel zur Überprüfung des Projekterfolges dienen können. Die Meilensteine müssen jedoch rechtzeitig und regelmäßig überprüft werden, um schwankende Projekte rechtzeitig wieder in die Spur zu bringen. Hierbei dient das magische Zieldreieck, wie bei der Zielüberprüfung am Projektende, als Grundlage der Beurteilung des Projekterfolges (Jakoby, 2015). Schlussfolgernd sollte der Projekterfolg oder -fortschritt regelmäßig und nicht lediglich am Projektende überprüft werden (Jakoby, 2015).

3.4.3 Kriterien und Faktoren des Projekterfolges

Bei der Messung des Erfolges eines Projektes kann zwischen verschiedenen Kriterien und Zielen ausgewählt werden, welche in diesem Kapitel genauer definiert werden.

Beim Projekterfolg ist zwischen Erfolgsfaktoren und Erfolgskriterien zu unterscheiden (Motzel, 2010). Erfolgskriterien sind Merkmale und Eigenschaften, die an einem Projekt bemessen werden. Diese sollten zu Beginn des Projektes festgelegt werden (Meyer & Reher, 2016, vgl. Kapitel 3.4.1). Dabei sollten die Kriterien analysiert und identifiziert werden und letztlich klar verständlich und messbar sein. Bei der Auswahl dieser kann zwischen Kriterien des Abwicklungs- und Anwendungserfolgs unterschieden werden (vgl. Kapitel 3.4.1). Kriterien des Abwicklungserfolges sind zum Beispiel die Qualität, die Termintreue und die Budgeteinhaltung, wohingegen Kriterien des Anwendungserfolgs die langfristige Nutzerzufriedenheit und die Reparaturanfälligkeit sind (Motzel, 2010, S. 164).

Aus den Kriterien müssen Erfolgsfaktoren festgelegt werden und mit den Projektmanagern und Stakeholdern abgestimmt werden (Motzel, 2010). Erfolgsfaktoren sind Maßnahmen, welche während des Projektes die Wahrscheinlichkeit des Projekterfolges vergrößern können (Ashley, Lurie & Jaselskis, 1987 zitiert nach Albert et al., 2017; Motzel, 2010; Müller & Jugdev, 2012). Die Definition kritischer Erfolgsfaktoren ist vom Projekt und dessen Komplexität abhängig. In weniger komplexen Projekten können die Erfolgsfaktoren direkt bestimmbar und einfach verfolgbar sein, wohingegen die Erfolgsfaktoren bei komplexeren Projekten in gegenseitiger Abhängigkeit stehen (Noé, 2016).

Besteiro, Souza Pinto & Novaski (2015) haben mehrere Studien ausgewertet und die Literatur analysiert, um Faktoren des Projekterfolgs aufzulisten. Dabei verweisen Besteiro et al. auf Hyvräri's Studie (2006), welcher kritische Faktoren im Zusammenhang mit der Organisation herausgearbeitet hat. Kritische Erfolgsfaktoren sind nach Hyvräri (2016, S. 21) klare Ziele, passende Ressourcen, Koordinationsfähigkeit, effektive Führung und weitere Faktoren. Die Kommunikation wurde als wichtigster Faktor des Projekterfolges bestimmt. Besteiro et al. haben außerdem Umfragen zu kritischen Erfolgsfaktoren durchgeführt und mittels einer „Joint Analyse" der Meta-Daten die wichtigsten Erfolgsfaktoren identifiziert. Als wichtigste Kriterien werden die Projektkommunikation, die Definition des Projektumfangs, Termine zum Projektstatus und der Abschluss im Budgetrahmen genannt (Besteiro et al., 2015).

Anders als der individuelle Projekterfolg, hängt der Projekterfolg im Team von dem Team und dessen Teamleistung ab. Darüber hinaus können sich die in Kapitel 3.1.2.4 aufgeführten negativen Effekte auf die Teamleistung und somit auch auf den Projekterfolg auswirken. Dies kann zum Beispiel das Verhalten von Projektmitgliedern sein. Um dadurch den Erfolg nicht zu gefährden, sollten sich Mitarbeiter bei zwischenmenschlichen Problemen unterstützen und kooperativ zusammenwirken (Lyubovnikova & West, 2018). Dennoch sollte sich ein Team nicht nur auf hohe Leistung, sondern auch auf den Projekterfolg ausrichten. Hohe Leistung garantiert keinen Projekterfolg, wenn diese Leistungen nicht koordiniert sind und auf die Erfolgsfaktoren ausgerichtet werden (Hüsgen, 2005).

Das Projektteam stellt eine der wichtigsten Komponenten für den Projekterfolg dar, weshalb die Personalentwicklung, also die Förderung und Entwicklung der

Projektmitarbeiter von hoher Bedeutung ist (Lechler & Gemünden, 1998). Für den Projekterfolg muss aber auch das richtige Team zusammengestellt werden (vgl. Kapitel 3.1.2.4). Der richtige Mitarbeiter muss den richtigen Job bekommen und dieser muss auf seine Kompetenzen zugeschnitten sein (Wastian et al., 2018).

Bank (2017) hat die optimalen Arbeitsbedingungen vorgestellt, welche in Abbildung 11 illustriert sind. Diese gehen mit den zuvor gewonnen Erkenntnissen zu den Kriterien und Faktoren des Projekterfolges einher. Nach Bank sollte die Zeit effektiv genutzt und geplant werden. Insbesondere zu Beginn des Projektes sollte genügend Zeit eingeplant werden. Ein Fehler zu Beginn des Projektes hat eine größere Auswirkung auf den Projekterfolg, desto später er erkannt wird. Zudem sollte ein offenes Arbeitsumfeld geschaffen werden, in dem Testen, Fehler machen und Verbesserungsvorschläge erwünscht sind. Feedback sollte ausschließlich konstruktiv sein. Eine weitere wichtige Maßnahme zum Erreichen des Projekterfolgs ist das Schaffen eines funktionierenden Anreizsystems, welches die Mitarbeiter motiviert, transparent ist und die Leistung der Mitarbeiter belohnt. Schließlich sollte die Kommunikation im Team harmonisch sein und Besprechungsräume für die Kommunikation im Team vorhanden sein (Bank, 2017).

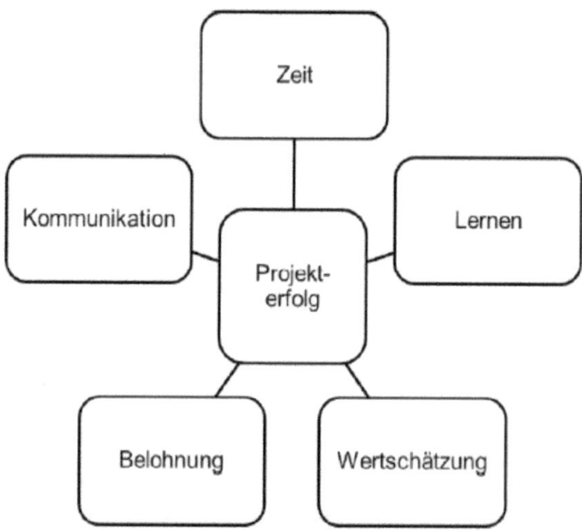

Abbildung 11: Arbeitsbedingungen und -klima für den Projekterfolg (Bank, 2017, S.99, Abb. 20)

3.4.4 Probleme und Maßnahmen zum Projekterfolg

Probleme beim Projekterfolg stellen Meinungsverschiedenheiten zwischen Abteilungen dar. Verschiedene Abteilungen haben durch ihr Topmanagement unterschiedliche Ziele gesetzt, wodurch es zu Interessenkonflikten (vgl. Konflikte in Kapitel 2) kommen kann. Als Maßnahme gegen dieses Problem gilt eine klare, strukturierte und transparente Definition der Projektziele durch das Topmanagement (vgl. Kapitel 3.4.1). Sind in den Projektzielen des Topmanagements nicht alle Aspekte der Abteilungen bedacht, kann sich die Kommunikation verschlechtern und der Projekterfolg kann gefährdet werden (Kühl, 2016). In einer Studie aus Experteninterviews haben Steinle, Barnert und Steinbeck (2010) herausgefunden, dass destruktive Verhaltensweisen von den Projektmitarbeitern einen Risikofaktor für den Projekterfolg darstellen können. Den größten Risikofaktor stellen dabei vor allem das destruktive Verhalten durch das vorenthalten von Informationen oder das eigene Zurückziehen aus dem Team dar (Steinle et al., 2010).

Weitere Probleme zeigen sich in dem Messen des Projeterfolges auf. So ist der Nutzen eines Projektes nicht einfach zu messen, da sich der Nutzen über die Dauer des Projektes und aus Kundensicht immer wieder verändern kann. Der wirkliche Nutzen kann nämlich häufig erst später, nach dem Projektabschluss komplett erfasst werden (Noé, 2016). So amortisiert sich ein Windpark für einen Kunden erst nach vielen Jahren. Des Weiteren lässt sich die Qualität des Projektes nicht genau bestimmen, da sowohl objektive als auch subjektive Erfolgsfaktoren festgelegt werden. Hierbei entsteht das Problem der subjektiven Wahrnehmung bei nicht quantifizierbaren Erfolgskriterien (Albert et al., 2017; Meyer & Reher, 2016). Sind die Methoden oder Ansätze der Projekterfolgsmessung nicht einheitlich, kann es zu verschiedenen Resultaten kommen (Albert et al., 2017). Ein weiteres Problem stellt der undefinierte Abschluss eines Projektes dar. Projekte ohne ein definiertes Ende führen häufig keine Abschlussbesprechung durch. Diese ist jedoch besonders wichtig, um die Projektmitarbeiter zu entlasten und den Fokus auf neue Aufgaben zu richten (Kühl, 2016). Des Weiteren sollte der Mitarbeiter ausreichend Kapazitäten haben, ansonsten können bei einem reinen Abarbeiten von Aufgaben, die Kreativität und Reife der Ergebnisse ausbleiben. Außerdem tendieren Mitarbeiter bei der Aufgabenbearbeitung unter Zeitdruck dazu nicht alle Varianten einer möglichen Lösung zu prüfen, sodass die schnellste Lösung gewählt wird, obwohl es eine bessere Lösung geben könnte (Bank, 2017).

Um die Chancen des Projekterfolges zu erhöhen, soll vor allem darauf geachtet werden, dass die Projektergebnisse dem Topmanagement regelmäßig und aufbereitet präsentiert werden (Kühl, 2016). Eine weitere Maßnahme zur Sicherstellung des Projekterfolges eröffnet das Stakeholdermanagement (Eskerod & Jepsen 2013). Demnach sollten möglichst schon zu Beginn des Projektes die Erfolgskriterien mit den Stakeholdern abgestimmt sein (Meyer & Reher, 2016). Eine weitere Maßnahme gegen den Projektmisserfolg, ist ein gemeinsames Verständnis über Projektinhalte und Projektziele herzustellen. Dies wird in der Literatur häufig mit dem Begriff „Collective Mind" beschrieben (Köhler & Oswald, 2009). Durch das Nutzen von projektbegleitendem Controlling als Erfolgsfaktor lassen sich Projekte besser realisieren. Das Projektcontrolling erfasst Zahlen, stellt Analysen und Vergleiche auf und gibt Aufschluss über den Projektstatus und den Projekterfüllungsgrad. Dadurch kann bei Anzeichen von Projektproblemen rechtzeitig eingegriffen werden (Noé, 2016). Ein gut konzipiertes und durchgeführtes Qualitätsmanagement kann außerdem helfen, die Qualität des Projektes zu verbessern und somit den Projekterfolg zu erhöhen (Meyer & Reher, 2016).

4 Methodik und Auswertung

In diesem Kapitel wird die Forschungsfrage beantwortet und Lösungsansätze werden präsentiert. Dazu wird zuerst das explorative Interview vorgestellt und die Interviewergebnisse ausgewertet. Die gewonnen Erkenntnisse aus dem Interview und aus Kapitel 3 werden zur Beantwortung der Forschungsfrage herangezogen. Mit der Beantwortung der Forschungsfrage werden Lösungsvorschläge präsentiert, um das Auftreten des Problems zu minimieren oder gar zu eliminieren.

4.1 Das Erhebungsinstrument – Exploratives leitfaden-gestütztes Interview

Ein Interview für die Recherche im Rahmen einer Forschungsfrage ähnelt nach Baumert und Reich (2012) dem Gespräch zwischen Kollegen, wobei ein Kollege der Interviewer beziehungsweise Forscher und der andere Kollege der Befragte beziehungsweise Experte ist. Dennoch lässt sich das Interview auf drei Ebenen von dem Gespräch mit Kollegen abheben. So verfolgt der Interviewer ein Ziel, er leitet das Gespräch und kann sein versiertes Wissen aus der Literatur nutzen, um zielgerichtet gewünschte Informationen zu erlangen (Baumert & Reich, 2012).

Bei Interviews können verschiedene Varianten verwendet werden, wobei diese abhängig von dem Ziel und Zweck des Interviews sind. Die Struktur des explorativen Experteninterviews hat sich als besonders geeignet für diese Bachelorarbeit herausgestellt, da diese Variante eine möglichst vollständige Sicht auf die Thematik dieser Bachelorarbeit gibt und sich durch dessen offene, jedoch mit einem Leitfaden strukturierte Befragung auszeichnet. Das Experteninterview wird außerdem leitfadengestützt sein, welches voraussetzt, dass der Forscher über die Thematik und den Forschungsstand informiert ist (Kaiser, 2014).

Der Ablauf sieht nach Kaiser eine allgemeine Frage für den Einstig vor, woraufhin weitere Schwerpunkte gesetzt werden sollen. Dabei soll während des Interviews möglichst weit exploriert werden und gegebenenfalls nachgefragt werden, sollte der Experte eine Frage nicht genügend diskutiert haben. Bei der Durchführung von Interviews sind bei allen Interview-Varianten die personenbezogenen Daten zu schützen. Demnach soll die Genehmigung des Befragten zur Teilnahme eingeholt werden und die Vertraulichkeit der Daten gewahrt werden (Kaiser, 2014, S.49).

4.1.1 Auswahl und Beschreibung der Interviewpartner

Bei der Auswahl der Interview-Partner sollen mehrere Kriterien durch den Experten erfüllt werden. Demnach sollen die Experten relevante Informationen zur Verfügung stellen können, in der Lage sein, präzise Informationen wiedergeben zu können und für ein Interview bereit und verfügbar sein (Kaiser, 2014). Bei der Auswahl der Interviewpartner im Rahmen dieser Bachelorarbeit wurden alle diese Punkte in Betracht gezogen. Die beiden Interviewpartner arbeiten im Projektmanagement in einem der größten Unternehmen der Windenergie Branche. Somit verfügen beide über relevante Informationen für die vorliegende Forschungsfrage. Des Weiteren wurde bei der Auswahl der Interviewpartner sehr viel Wert darauf gelegt, verschiedene Perspektiven in Bezug auf die Forschungsfrage mit aufzunehmen. Demnach ist der erste Interviewpartner ein Projektmanager, verantwortlich für die Ausführung von Gewährleistungs-Kampagnen im Rahmen von Blattarbeiten an Windenergieanlagen innerhalb von Europa. Der zweite Experte besitzt mehrjährige Erfahrung im Projektmanagement, als Projektleiter und Abteilungsleiter für das Projektmanagement und somit auch über mehrjährige Erfahrung mit der Bewertung und Beurteilung von Mitarbeitern.

4.1.2 Gestaltung des Interview-Leitfadens

Die Gestaltung des Interview-Leitfadens basiert auf der Vorgehensweise und Methodik des Lehrbuches „Qualitative Experteninterviews" von Robert Kaiser (2014).

Bei der Gestaltung des Interview-Leitfadens wird darauf geachtet, dass die Anzahl der Fragen nicht zu hoch ist und der gesamte Leitfaden nicht zu detailliert wird. Dabei sollen die Fragen vom Allgemeinen ins Spezielle übergehen und einer nachvollziehbaren Logik folgen, um dem Experten die Chance zu geben, sich in das Gespräch zu finden. Außerdem fügt Kaiser hinzu, dass die Zeit für ein Interview nicht begrenzt werden sollte, meist dauert dies länger als eingeplant, da Abweichungen vom Interview-Leitfaden und das Nachfragen als positiv zum Explorieren der Thematik anzusehen sind. Die formulierten Interviewfragen sollten in den Zusammenhang des Experten einsortiert werden, das heißt, abhängig von der Branche oder dem Fachgebiet, sollten die Interviewfragen angepasst werden.

Kaiser (2014) stellt in seinem Buch eine Anleitung vor, wie ein Leitfaden für ein erfolgreiches Interview zu erstellen ist. Auf dessen Basis wurden die Interviewfragen dieser Bachelorarbeit formuliert. Das Ziel soll es sein die Forschungsfrage in Interviewfragen zu transformieren, welches sich nach Kaiser als „Operationalisieren" beschreiben lässt. Zur „Operationalisierung" der Forschungsfrage soll die Thematik der Forschungsfrage konkretisiert werden und anschließend die Art der Frage definiert werden. Durch die „Operationalisierung" anhand der Forschungsfrage können die Erkenntnisse aus den Interviews direkt und systematisch der Forschungsfrage zugeordnet werden. Zuerst sollen Themen aus der Forschungsfrage abgeleitet werden, welche als Analysedimensionen bezeichnet werden und sich vorerst nur auf dem Wissen aus der Literatur beziehen. Das Transformieren der Forschungsfrage zur Analysedimension ist auf Abbildung 12 dargestellt.

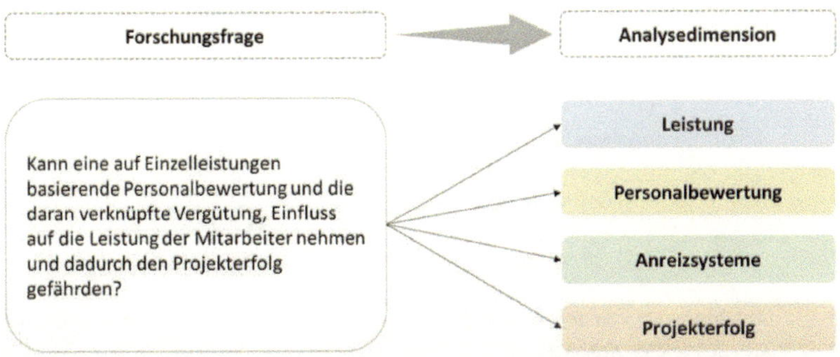

Abbildung 12: Von der Forschungsfrage zu den Analysedimensionen (in Anlehnung an Kaiser, 2014, S.58, Abb. 3.2)

Im nächsten Schritt sollen die Analysedimensionen in Fragenkomplexe transformiert werden. Dies basiert wiederum auf den Erkenntnissen aus der Forschungsliteratur, welche auf Abbildung 13 herausgearbeitet wurden.

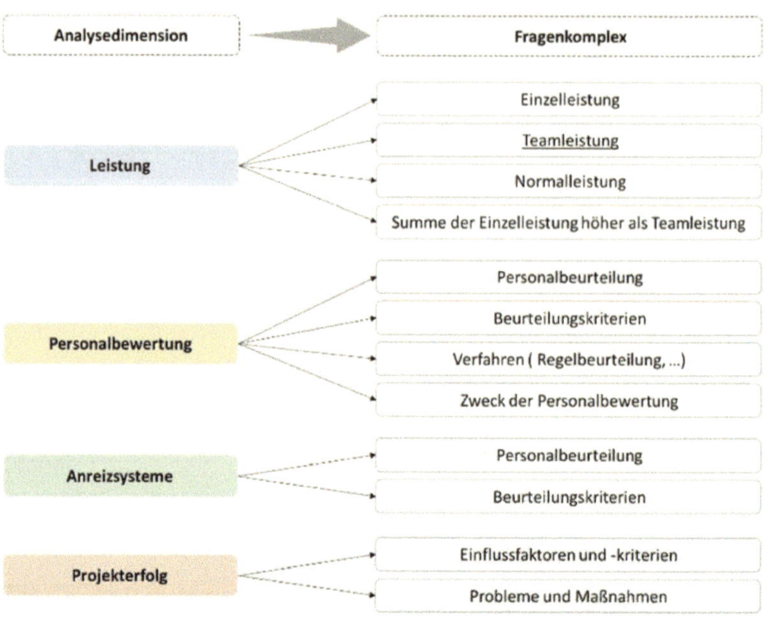

Abbildung 13: Von den Analysedimensionen zu Fragenkomplexen (in Anlehnung an Kaiser, 2014, S.59, Abb. 3.3)

Im nächsten Schritt müssen die Fragenkomplexe in verständliche Fragen für den Experten übersetzt werden. Diese Fragen sollten für den Forscher immer den Analysedimensionen zuordenbar sein. Diese „Operationalisierung" der Fragenkomplexe zu Interviewfragen ist beispielhaft für das Szenario dieser Bachelorarbeit an den Fragenkomplex der Personalbeurteilung auf Abbildung 14 dargestellt. Bei der Formulierung der Fragen für den Interview-Leitfaden lässt sich nach Kaiser (2014) zwischen verschiedenen Fragetypen unterscheiden. Demnach gibt es Einführungsfragen, strukturierende Fragen, direkte oder indirekte Fragen und spezifizierende Fragen. Außerdem kann zwischen offenen und geschlossenen Fragen unterschieden werden, wobei offene Fragen für das explorative Interview besonders geeignet sind. Der Grund hierfür ist, dass die Experten bei der Antwort weit ausholen können, spontan antworten und neue Erkenntnisse gefunden werden können (Baumert & Reich, 2012). Folglich wurden die Fragen für den Leitfaden formuliert und strukturiert, wobei das Interview mit einer Einführungsfrage beginnt und Fragen generell offen gestellt wurden.

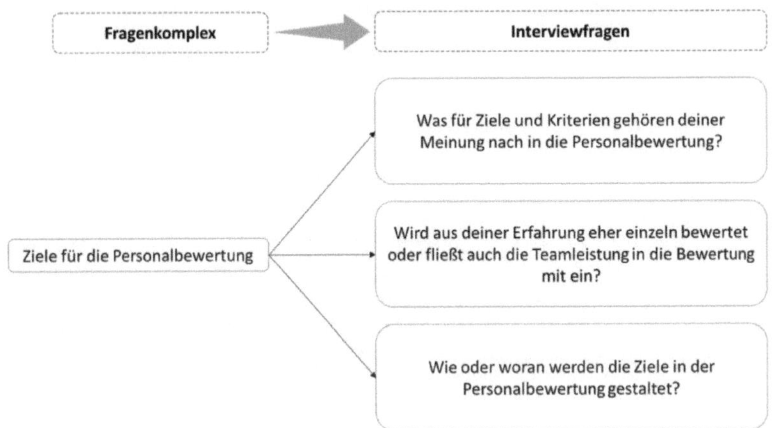

Abbildung 14: Vom Fragenkomplex zur Interviewfrage (in Anlehnung an Kaiser, 2014, S. 60, Abb. 3.4)

Nachdem die Fragen festgelegt wurden, soll nach Kaiser ein „Pre-Test" folgen. Dieser soll sicherstellen, dass die Fragen, welche nur auf der Theorie basieren, den Experten erreichen und verständlich sind (Kaiser, 2014). Darüber hinaus soll der Pre-Test prüfen, ob die Kontinuität und Wirkung der Struktur des Interviews sowie der Zeitaufwand des Interviews, wie geplant sind (Schell et al., 2012 zitiert nach Kaiser, 2014). Der anhand des Models von Kaiser entwickelte Interviewbogen für die Forschungsfrage ist der Bachelorarbeit angehängt (vgl. Tabelle 3).

4.1.3 Datenerhebung und Durchführung

Bei der Auswahl der Datenerhebungsmethode spielen verschiedene Aspekte eine Rolle für die Entscheidung. Im Rahmen dieser Bachelorarbeit hat sich das Telefoninterview als besonders geeignet dargestellt. Dies ist nämlich besonders sinnvoll, wenn sich die Interviewpartner kooperativ und unterstützend für ein Interview aussprechen. Des Weiteren lässt sich das Telefoninterview einfach aufzeichnen und weiterverarbeiten (Baumert & Reich, 2012), denn zur Protokollierung von Experteninterviews sollte immer ein Tonbandmitschnitt vorhanden sein (Kaiser, 2014).

Die Durchführung des Interviews ist durch die bereits festgelegten Fragen, wie auf der Abbildung 14 und im Anhang zu sehen, an einen Leitfaden gebunden. Kaiser (2014) und Trinczek (2002) heben dennoch hervor, dass das Interview nicht statisch sein sollte, sondern Nachfragen und sich verändernde Situationen gewünscht sind.

4.1.4 Datenauswertung und Aussagekraft

Nachdem das Interview konzipiert, Interviewpartner ausgewählt, Fragen entworfen und das Interview durchgeführt wurde, folgt letztendlich die Auswertung und Interpretation der gesammelten Daten.

Die Auswertung basiert fortführend auf dem Modell von Kaiser (2014) und setzt die Arbeitsschritte aus den vorherigen Kapiteln voraus. Den ersten Schritt stellt dabei die Transkription des Tonbandmitschnittes dar, welcher anhand des Leitfadens von Dresing und Pehl (2015) transkribiert wurde[1].

In der Transkription kann zwischen einfachem Transkript und Feintranskript unterschieden werden (Dresing & Pehl, 2015). Für die Transkription der Interviews dieser Bachelorarbeit wurde ein einfaches Transkriptionssystem mit erweiterten Regeln nach Dresing und Pehl gewählt. Der Mehrwert eines Feintranskriptes liegt in der Mitschrift der Tonlage und -höhe, der exakten Pausenlängen oder dem Dialekt. Dieser Mehrwert ist für dieses Interview und die Erkenntnisse, die gezogen werden sollen zu gering. Außerdem bietet laut Dresing und Pehl das einfache Transkript einen schnelleren Zugang zum Gesprächsinhalt und ist dazu leserlicher. Ergänzt wird das einfache Transkript mit der Erfassung von Verständnissignalen und Fülllauten, um kennzeichnend zu machen, dass Fragen verstanden wurden und dem Interview gefolgt wurde.

Nachdem das Interview transkribiert wurde und es in der Textform vorliegt, setzen die Analyseschritte von Kaiser an. Demnach soll das Textmaterial als nächstes kodiert werden. Die Kodierung basiert auf einer themenanalytischen Inhaltsanalyse, welche weniger komplex ist und sich gut weiterverarbeiten lässt (Kaiser, 2014). Dabei wird zuerst geprüft, ob die Interviewaussagen relevant für die Forschungsfrage sind, dementsprechend aussortiert oder weiterverwendet und in Kategorien sortiert. Kaiser hebt hervor, dass die Kategorien häufig synonym mit dem Fragenkomplex verwendet werden können, welcher während der Operationalisierung erstellt wurde. Kategorien, welche nicht im Fragenkomplex vorhanden waren, sollen hinzugefügt werden. Vorerst dienen also die Fragenkomplexe der Abbildung 13 zur Kodierung, welche durch neue Kategorien ergänzt werden können, sollten diese nicht in dem ursprünglichen Fragenkomplex vorhanden gewesen sein.

---

[1] Aus ethischen Gründen liegt das Transkript lediglich auf dem beigefügten Datenträger vor.

Nachdem die kategoriale Kodierung anhand Kaiser's Anleitung erfolgt ist, lassen sich thematische Zusammenhänge innerhalb der jeweiligen Interviews erkennen und in Kategorien zusammenfassen (Kaiser, 2014). Durch das Markieren von Textabschnitten mittels kategorialer Zuordnung können redundante Aussagen gestrichen werden, um den Text weiter zu reduzieren. Kaiser sieht im nächsten Schritt vor, die kategorisierten Interviews in die jeweiligen Kategorien zusammenführen, Kernaussagen zu formulieren und die weitere Analyse nicht auf den Experten, sondern auf Basis der Kategorien fortzuführen. Dadurch kann ein Vergleich der Aussagen der Interviewpartner zu gleichen Themen ermöglicht werden. Mit der Kategorisierung ergibt sich der nächste Schritt, denn als Nächstes soll die Datenbasis um diejenigen Kategorien erweitert werden, welche sich als relevant erweisen und nicht im Fragenkomplex erfasst worden sind. Weiter gilt es anhand der Literatur zu prüfen, ob die aufgeworfenen Kategorien, welche also nicht aus der Literatur hervorgegangen sind, tatsächlich von Relevanz für die Forschungsfrage sind.

Im letzten Schritt sollen die Erkenntnisse und Aussagen der Interviews in Verbindung zum Forschungsvorhaben gesetzt, analysiert und interpretiert werden. Kaiser weist darauf hin, dass es keine allgemeinen Hinweise zur Interpretation gibt und dies in der Verantwortung des Forschers liegt. Dennoch wurde durch die erfolgten Arbeitsschritte von Kaiser eine Basis zur Analyse und Interpretation geschaffen.

Eine Analyse und Interpretation wurde anhand der zuvor genannten Schritte durchgeführt und das auf die Kernaussagen reduzierte Interview mit entsprechender kategorialer Zuordnung dieser Bachelorarbeit angehängt (vgl. Tabelle 2).

4.1.5 Interpretation und Analyse der Interviews

Die Analyse hat ergeben, dass die aus der Literatur definierten Kategorien nicht ergänzt werden mussten und somit durch die Interviews keine relevanten neuen Themengebiete aufgedeckt wurden. Dennoch zeigten die Interviews in den Kernaussagen teilweise neue Erkenntnisse, zeichneten sich aber vor allem durch die Verifizierung der Hypothesen und der Literatur aus. Dabei wurden Aussagen zur Einzelleistung durch die Interviews bestätigt. Der einzelne Beitrag der Mitarbeiter, welche verschiedene Funktionen erfüllen, stellen demnach einen Teil der Teamleistung dar. Es wird von den Experten gewarnt, dass Ziele die an die Teamleistung gekoppelt sind, unbedingt mit allen involvierten Mitarbeitern abgestimmt werden sein sollen, um einen Projekterfolg sicherzustellen. In der Kategorie „Konflikte im Team" stechen konkurrierende Ziele sowie eine falsche Teamzusammenstellung heraus, wobei das Thema des Trittbettfahrens (vgl. Kapitel 3.1.2.4) angedeutet wird und möglicherweise einen störenden Faktor für das Team und dessen Erfolg darstellt. Zudem wird hervorgehoben, dass viel Wert auf die Zielbestimmung der Mitarbeiter gelegt werden muss. Sind Ziele zu einfach gestaltet, kann bei zu schneller Zielerreichung die Motivation sinken. Andersrum können bei zu schweren Aufgaben, Stresssituation in Verbindung mit Fehlern auftreten. Des Weiteren haben die Interviews ergeben, dass die Regelbeurteilung im jährlichen Rhythmus erfolgt und wie aus der Literatur entnommen in einer Skala von eins bis fünf bewertet werden. In dem Unternehmen erfolgt die Bewertung zuerst durch den Mitarbeiter und danach durch die Führungskraft, woraus sich schließen lassen könnte, dass Mitarbeiter zumindest ein Mitbestimmungsrecht bei subjektiven Bewertungen haben und sich somit auch verteidigen können. Die Kriterien dabei sind sowohl aus der aufgaben- und umfeldbezogenen Dimension. Das Problem der Subjektivität in der Bewertung wird hervorgehoben, da Mitarbeiter nach gleichen Kriterien bewertet werden. Demzufolge kann für den einen Mitarbeiter die Erwartungshaltung höher sein obwohl die gleiche Stelle besetzt wird und somit die Bewertung nicht mehr fair ist. Der Ansatz in Abbildung 7 wurde anhand eines Beispiels fast gleich beschrieben.

Die Experten bestätigen, dass die leistungsbezogene Vergütung auf Basis der einzelnen Leistung, egoistisches Denken anregt und der Teamzusammenarbeit sowie der Teamkommunikation schaden. Ein Experte fügt hinzu, dass man sich in einer geldgetriebenen Gesellschaft befände und das Problem der Verdrängung von intrinsischer Motivation durch materielle Anreize daher bestärkt wird. Dieses Problem kann durch die fehlende Transparenz und Kommunikation über die Ziele und Anreize der Mitarbeiter verschlimmert werden. Der Projekterfolg wurde auch von den Experten mit der Erfüllung der drei Größen Kosten, Zeit und Qualität des magischen Dreiecks des Projektmanagements beschrieben. Eine weitere Erkenntnis zeigt, dass der Begriff Projekterfolg je nach Branche durch verschiedene spezifische Kriterien ergänzt werden kann, wie auch von Albert et al. (2017) herausgearbeitet (vgl. Kapitel 3.4). So steht die Sicherheit der Mitarbeiter bei gefährlichen Arbeiten, zum Beispiel an Windenergieanlagen, an oberster Stelle. Einfluss auf den Projekterfolg nehmen vor allem die Kommunikation und der Grad der Vorbereitung vor dem Projektstart. Je besser die Vorbereitung, umso besser die Chance des Projekterfolges. Weiter können fehlende Kommunikation, Motivation der Mitarbeiter und eine falsche Teamzusammenstellung den Projekterfolg negativ beeinflussen.

4.2 Ergebnis der Forschungsfrage

Mithilfe der Informationen aus der vorgestellten Literatur in Kapitel 3 sowie der Analyse und Interpretation der Ergebnisse aus den Interviews soll die Forschungsfrage beantwortet werden. Hierzu soll die Forschungsfrage kurz wiederholt werden und auf das Szenario aus der Windenergie in Kapitel 1.1 verwiesen werden, welche Grundlage zur weiteren Analyse und zum Verständnis sind.

> „Kann eine auf Einzelleistungen basierende Personalbewertung und die daran verknüpfte Vergütung, Einfluss auf die Leistung der Mitarbeiter nehmen und dadurch den Projekterfolg gefährden?

Aus der Forschungsfrage lassen sich drei wesentliche Hypothesen herausarbeiten, die einen Teil einer Kausalkette darstellen. Demzufolge wird angenommen, dass bei Zutreffen aller drei Hypothesen die Kausalkette erfüllt ist und das Problem aus dem Szenario in der Praxis auftritt.

Zuerst gilt es demnach die von der Forschungsfrage aufgeworfenen Hypothesen und Kausalzusammenhänge zu identifizieren und einzuordnen:

Hypothese 1: Die Personalbewertungsmethode kann negative Motivationen bei Mitarbeitern hervorrufen.

Anknüpfend an die Definition der intrinsischen und extrinsischen Motivation aus Kapitel 2 und in Bezug auf das Szenario aus Kapitel 1.1 findet eine Überschneidung von intrinsischer und extrinsischer Motivation statt. Demzufolge erachtet der Projektkaufmann seine Arbeit in der erneuerbaren Energie als sinnvoll und weiterführend, er führt die Aufgaben mit Freude aus und ist dadurch intrinsisch motiviert. Gleichzeitig ist der Projektkaufmann mit seinem Gehalt zufrieden, er findet es angemessen für seine Leistung und es genügt für seinen Lebensunterhalt, welches seine extrinsische Motivation ist.

Mit der Einführung der individuellen Leistungsbewertung aus dem Szenario und der daran gekoppelten Anreizsysteme wird die individuelle Leistung nun stärker belohnt. Der Projektkaufmann kann durch das Erreichen seiner persönlichen Ziele mehr Geld verdienen als zuvor. In der Folge wird sich der Mitarbeiter in einer „geldgetriebenen Gesellschaft" [Anmerkung des Verfassers: Zitat aus Interview] den Bonus nicht entgehen lassen und versuchen mit allen Mitteln seine persönlichen Zielvereinbarungen zu erreichen. Folglich sind Aufgaben, wie die Unterstützung des Qualitätsmanagers, die nicht in seiner Zielvereinbarung stehen kontraproduktiv für den Projektkaufmann. Denn diese Arbeit wird nicht belohnt. Die intrinsische Motivation, also der Sinn der Arbeit bleibt zwar in Maßen vorhanden, wird aber durch den wachsenden materiellen Anreiz, also durch die extrinsische Motivation verdrängt.

Des Weiteren kann sich der Mitarbeiter durch die Auswahl der Kriterien für das Beurteilungsgespräch und durch eine subjektive Bewertung dieser Kriterien, ungerecht behandelt fühlen, nicht mehr mit der Arbeit zufrieden sein und somit seine intrinsische Motivation verlieren (vgl. Abrell et al., 2015, Kapitel 3.2.1.2). Betriebliches Zusammenwirken als tätigkeitsorientierter Ansatz ist beispielhaft für eine subjektive Bewertung und die erschwerte Erfassung dessen Leistung (vgl. Breisig, 1998, Kapitel 3.2.1.1). Sollten auch die Ziele aus der Personalbewertung nicht mit denen des Unternehmens übereinstimmen, können Mitarbeiter auch an diesen Zweifeln, wodurch deren Motivation sinkt (vgl. Miebach, 2016, Kapitel 3.3.1.4). Außerdem können sich Mitarbeiter unfair bewertet fühlen, wenn diese in verschiedenen Fachbereichen tätig sind, sodass Beiträge zum Projekt nicht vergleichbar sind (vgl. Drexler et al., 2001, Kapitel 3.2.3) oder wie aus dem Interview hervorgeht, verschiedene Erwartungen geschürt werden.

Die Hypothese 1 kann mithilfe der gesammelten Erkenntnisse bestätigt werden. Durch schlechte Zieldefinition, falsche Kriterien und subjektive Bewertung kann die intrinsische Motivation des Mitarbeiters beeinflusst werden. Besonders hervorzuheben ist dabei das Anreizsystem, welches durch die individuelle Belohnung die extrinsische Motivation bestärkt und damit die intrinsische Motivation verdrängt. Im Szenario wird der Projektkaufmann seinen Kollegen, in diesem Fall den Qualitätsmanager also wahrscheinlich nicht unterstützen.

Hypothese 2: Anreizsysteme auf Basis individueller Belohnung aus der Personalbewertung reduzieren die Einzelleistung und Teamleistung von Mitarbeitern.

Die sinkende intrinsische Motivation durch das individualistische Anreizsystem wirkt sich auch kontraproduktiv auf die Motivation des Mitarbeiters aus (vgl. Stierle et al., 2017, Kapitel 3.3). So wird hervorgehoben, dass eine Leistung für das Team, nicht durch einen Verlust der individuellen Belohnung bestraft werden darf (vgl. Becker, 2016, Kapitel 3.3.1.4). Denn letztendlich soll der Lohn die Mitarbeiter motivieren und anregen die Unternehmensziele zu verfolgen. Wird diese Motivation gehemmt, sinkt auch das Ergebnis zum Unternehmensziel (vgl. Stock-

Homburg, 2010, Kapitel 3.3.2). Der Einfluss durch Anreizsysteme auf den Informationsaustausch, die Produktivität und die Teameffektivität wurde durch mehrere Studien (Campion, Medsker, & Higgs, 1993; Campion, Papper, & Medsker, 1996) belegt. Garbers und Konradt (2014) fassen zusammen, dass die Entlohnung von Teams einen starken Effekt auf die Motivation und Leistung des Teams hat.

Ein auf individuelle Leistungen basiertes Anreizsystem wirkt sich auf die intrinsische Motivation der Mitarbeiter aus und somit verändert sich deren Motivation. Hierbei sollte erwähnt werden, dass vor allem die Teamleistung sinken wird, denn der Fokus des Mitarbeiters wird auf der Einzelleistung und dem Erfüllen eigener Ziele beruhen. Zwar stellt die Einzelleistung einen Beitrag zur Teamleistung dar, wird aber dennoch stark aufgrund der Motivationsverluste gehemmt (vgl. Keßler & Hönle, 2002, Kapitel 3.1.1). So wird die Leistung aufgrund der intrinsischen Motivation zum Beispiel durch den mangelnden Informationsaustausch oder die fehlende Unterstützung reduziert. Die Auswertung der Studien von Garbers und Konradt zeigt die Abhängigkeit von Motivation und Leistung auf und bestätigt somit die Aussage. Im Szenario wird die Teamleistung stark gehemmt, da der Qualitätsmanager durch die mangelnde Unterstützung des Teams, Aufgaben nicht optimal löst und das sinkende Interesse an Teamzielen die Teamleistung reduziert.

Hypothese 3: Eine reduzierte Einzel- und Teamleistung der Mitarbeiter gefährdet den Projekterfolg.

Hyvräri stellt in seiner Studie aus dem Jahr 2006 die wichtigsten Faktoren für den Projekterfolg dar, welche unter anderem die Kommunikation, Arbeitsziele, Ressourcen oder die effektive Führung sind. Die Experten aus dem Interview heben hierbei auch die Teamleistung, wie die Kommunikation, Mitarbeitermotivation und Teamzusammenstellung hervor. Bei dem Vergleich mit den drei Säulen der Teamleistung aus Abbildung 5 wird ersichtlich, dass die meisten der Faktoren des Projekterfolges aus der Studie in der Teamleistung enthalten sind. Daraus lässt sich schließen, dass wenn die Teamleistung sinkt, die Erfolgsfaktoren nicht erfüllt werden. Folglich ist der Projekterfolg gefährdet. Darüber hinaus haben Steinle et al. in ihrer Studie herausgefunden, dass vor allem destruktives Verhalten, zum Beispiel das Vorenthalten von Informationen oder das eigene Zurückziehen aus dem Team, die Teamleistung und den Projekterfolg gefährden (Steinle et al., 2010, vgl. Kapitel 3.4.4). Dieses destruktive Verhalten kann durch die extrinsische Motivation im Szenario hervorgerufen werden.

Die Hypothese 3 wird vor allem durch die Studie von Steinle et al. bestätigt, da bereits erforscht wurde, dass destruktives Verhalten den Projekterfolg gefährdet. Darüber hinaus bietet die Annahme über die Kombination der Studie von Hyvräri und den drei Säulen der Teamleistung einen guten Ansatz und kann als weitere Beweisführung zur Bestätigung der Hypothese 3 genutzt werden.

Damit sind die drei Hypothesen durch die Analyse als zutreffend eingestuft worden, womit sich die Kausalkette am Beispiel des Szenarios aus Kapitel 1.1 wieder zusammensetzen lässt. Die zusammengesetzte Kausalkette ist in Abbildung 15 illustriert und soll abschließend zusammengefasst und mit weiteren Faktoren und Ebenen ergänzt werden.

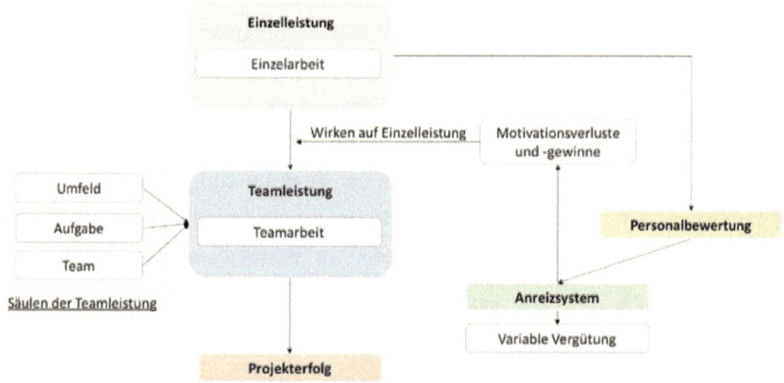

Abbildung 15: Kausalkette der Forschungsfrage am Beispiel des Szenarios des Windparks

Die Kausalkette der Forschungsfrage lautet wie folgt (siehe Abbildung 15): In der Personalbewertung entstehen Konflikte durch die Gestaltung von persönlichen und individuellen Zielen im Rahmen der Regelbeurteilung. Hierbei nehmen im Team erbrachte Projektleistungen keinen Einfluss mehr auf die Personalbewertung. Dadurch entsteht ein Konflikt durch die Verdrängung der Freude an der Arbeit (intrinsische Motivation) durch die materiellen Anreize (extrinsische Motivation), welche von dem Anreizsystem ausgeschüttet werden. Darüber hinaus entstehen Motivationsverluste durch die hervorgerufenen Konflikte des Anreizsystems. In der Folge unterstützt sich das Team nicht mehr, Aufgaben konkurrieren aufgrund von Einzelzielen, die Stimmung kippt und das Gefüge der drei Säulen der Teamleistung bricht ein. Die Teamleistung sinkt und in der Konsequenz wird der Projekterfolg durch eine sinkende Teamleistung gefährdet.

4.3 Ausführung der Forschungsfrage

Im Folgenden sollen weitere Einflüsse auf die vorgestellte Problematik der Forschungsfrage präsentiert werden. Dementsprechend werden in diesem Kapitel bereits gewonnene Erkenntnisse aus Kapitel 3 und dem Interview diskutiert, welche die Problematik auch beeinflussen können, aber nicht im Rahmen des Szenarios in Kapitel 4.2 behandelt worden sind. Die Ergänzung dient zur weiteren Einordnung der Forschungsfrage in den Sachverhalt, soll einen weiteren Überblick der gewonnen Erkenntnisse geben und Platz für weitere Forschung and Analysen geben.

Ein wichtiger Aspekt dazu findet sich in der Personalentwicklung wieder, also die Förderung und Entwicklung der Projektmitarbeiter (Lechler & Gemünden, 1998). Ist der Prozess der Personalauswahl und -entwicklung nicht teamorientiert, können die Mitarbeiter keine Kompetenzen in Teamarbeit und Kommunikation bilden, um ein effektives Team mit einer hohen Teamleistung zu bilden (vgl. Kirkman & Rosen, 1999, Kapitel 3.1.2.2). Dies beeinflusst letztendlich die Säulen der Teamleistung und reduziert die Leistung des Teams (vgl. Abbildung 15).

Darüber hinaus sollte für den Projekterfolg das richtige Team zusammengestellt werden, das heißt Charaktere und Kompetenzen sollten sich ergänzen und nicht konkurrieren (vgl. Wastian et al., 2018, Kapitel 3.1.2.4). Mitarbeiter mit einem individualistischen Gedankengut könnten somit hemmend für das Team sein (vgl. Naranjo-Gil et al., 2012, Kapitel 3.3.3). Außerdem sollten Aufgaben und Funktionen einem Mitarbeiter mit den richtigen Attributen, Kompetenzen und Persönlichkeit zugeteilt werden (vgl. Lehmann-Willenbrock et al., 2011; Litke, 2007, beide Kapitel 3.1.2.4; Reuter, 2011, Kapitel 3.1). Denn ist das Team nicht richtig zusammengestellt, können Aufgaben nicht optimal bearbeitet werden und es entstehen Motivationsverluste, welche die Teamleistung hemmen. Eine weitere besondere Herausforderung bei der Auswahl des Projetteams und der Teamarbeit stellen die sogenannten „Sozialen Faulenzer" und Trittbettfahrer dar, welche bewusst ihre Leistung reduzieren und so direkt den Projekterfolg reduzieren können (vgl. Schulz-Hardt & Brodbeck, 2014, Kapitel 3.1.2.4). Die Teamleistung ausbremsen können auch sogenannte „mikropolitischen Spielchen", bei denen Mitarbeiter bewusst Informationen für das Team zurückhalten (vgl. Prudix, 2016, Kapitel 3.1.2.4).

Bei allen Maßnahmen spielt häufig die Teamgröße eine Rolle. Sollte das Projektteam aus mehr als sieben Mitgliedern bestehen, kann die Abstimmung und Kommunikation erschwert werden und folglich können Koordinationsprobleme entstehen (vgl. Becker, 2016; Meier, 2015, beide Kapitel 3.1.2.4; Sterrer, 2014, Kapitel 3.1.2.1). Demzufolge ist auch nach den Ergebnissen von Honeywell-Johnson und Dickinson (1999) die Erfassung von individuellen Beiträgen zur Teamleistung einfacher zu koordinieren, wenn das Team kleiner ist (vgl. Kapitel 3.3.3). Daraus könnte eine ungerechte Beurteilung resultieren, welche wiederum die Mitarbeiter demotiviert und dadurch Einfluss auf die Leistung nehmen kann. Darüber hinaus sollte das Projektteam nicht mit zu viel Einzelarbeiten beschäftigt sein, welche die Mitarbeiter schnell in Routine und in ein Motivationsloch verfallen lassen (vgl. Becker, 2016, Kapitel 3.1.1). Ein weiteres Problem stellen nicht regelmäßig und nicht standardisierte Beurteilungsgespräche dar, die durch eine unfaire Bewertung die Motivation des Mitarbeiters mindern (vgl. Breisig, 1998, Kapitel 3.2.1). Dabei stellen sich Probleme durch unklare Verantwortungsbereiche und schlecht definierte Arbeitspakete aus der Stellenbeschreibung dar, wodurch die Bewertung der Leistung erschwert wird (vgl. Abrell et al., 2015; Holtbrügge, 2015, beide Kapitel 3.1.3).

Insgesamt ist vor allem auf ein funktionierendes Anreizsystem zu achten, welches die Mitarbeiter motiviert, transparent ist und die Leistung der Mitarbeiter belohnt (vgl. Bank, 2017, Kapitel 3.4.3). Denn eine schlechte und uninteressante Anreizgestaltung senkt die extrinsische Motivation der Mitarbeiter und somit ihren Beitrag zur Teamleistung (Berthel & Becker, 2010, 3.3).

4.4 Lösungsansätze

In diesem Kapitel werden Lösungsansätze präsentiert, um Möglichkeiten zur Lösung des zuvor herausgefundenen Problems der Forschungsfrage zu geben. Hierbei wurde die Auswahl auf zwei Lösungsansätze begrenzt. Für weitere Ansätze wird auf folgende Studien und Modelle verwiesen:

- Muck, Schuler, Becker & Diemand (2004). Entwicklung eines multimodalen Systems zur Beurteilung von Gruppenleistungen.
- Loo und Thorpe (2002). Using reflective learning journals to improve individual and team performance.

- London (2007). Performance Appraisal for Groups: Models and Methods for Assessing Group Processes and Outcomes for Development and Evaluation.

- Garbers und Konradt (2014). The effect of financial incentives on performance: A quantitative review of individual and team-based financial incentives.

4.4.1 Hybride Vergütungssysteme

Der erste Lösungsansatz beschäftigt sich mit der Kombination verschiedener Komponenten des Vergütungssystems, wie diese einzusetzen sind und welche Vorteile diese bieten. Dazu führen Pearsall, Christian und Ellis (2010) in ihrem Beitrag in dem „Journal of Applied Psychology" die Theorie über Zusammenhänge von Teamleistungen und hybriden Bewertungssystemen aus. Dazu werden zuerst Modelle basierend auf reiner Team- und reiner Einzelleistung ausgewertet. Dabei kamen Pearsall et al. zu dem Ergebnis, dass hybride Prämien zu höherer Teamleistung führen. In der Diskussion der Abhandlung wird das hybride Vergütungssystem praktisch vorgestellt. Ein hybrides Bewertungssystem bedeutet, dass die Bewertung sich sowohl auf den individuellen Beitrag als auch auf das Teamergebnis beziehen soll. Dieses Bewertungssystem wird an ein weiteres hybrides Vergütungssystem geknüpft, welches sowohl Anreize für das Team als auch für den einzelnen Mitarbeiter gibt. Dadurch soll der Mitarbeiter auf seine eigenen Aufgaben hinarbeiten, aber gleichzeitig nah mit dem Team zusammenarbeiten. Dabei heben Pearsall et al. hervor, dass dadurch das „Soziale Faulenzen" reduziert und der Informationsaustausch verbessert wird.

Zusammenfassend dienen die hybriden Belohnungssysteme dazu, Teams zu motivieren, sich gegenseitig zu unterstützen und das gemeinsame Ziel zu verfolgen, währenddessen aber für Einzelleistungen belohnt zu werden.

4.4.2 Motivation von Projektteams durch eine leistungsbezogene Vergütung

In einem weiteren Lösungsansatz zeigen Lappe et al. (2006) in ihrem Beitrag in „projektMANAGEMENT aktuell", wie ein karriereorientiertes Vergütungssystem zur nachhaltigen Motivation von Projektteams eingesetzt werden kann und somit die Teamleistung steigert.

In dem Modell von Lappe et al. soll sich das Anreizsystem an die Personalentwicklung richten, welche wiederum an Karrierestufen geknüpft ist. Dadurch wird vorgesehen, dass die Mitarbeiter im Laufe der Zeit die Karriereleiter aufsteigen. Die

Entlohnung wird ebenso an die Karrierestufe gekoppelt, beinhaltet aber noch weitere Faktoren der Erfolgsbewertung. Nach Lappe et al. soll die Bewertung auf Basis von Projekterfolg, Individualerfolg und Unternehmenserfolg durchgeführt werden. Dadurch sollen die Probleme des Projektneides und Mitarbeiteregoismus verhindert werden. Die Berechnung der Prämien, also die Personalbewertung und die darauffolgende Auswertung, erfolgt dabei einmal im Jahr. Sollte der Projekterfolg erst später gemessen werden können, schlagen Lappe et al. einen Mehrjahresdurchschnittswert vor, das heißt es wird ein Mittelwert berechnet. Bei der Prämienausschüttung wird der Wert der Prämie an den Grundlohn gekoppelt, wobei der prozentuale Anteil der variablen Vergütung abhängig von der Karrierestufe ist. Die variable Vergütung ist wiederum an die Mitarbeitereffizienz gebunden, das heißt ein Mitarbeiter mit einer Effizienz von kleiner einhundert wird keine variable Vergütung erhalten. Bei 200 Prozent Mitarbeitereffizient wird die variable Vergütung verdoppelt. Letztendlich soll das Anreizsystem transparent für den Mitarbeiter gestaltet und die Erfolgsmessung des Projektes vom Projektcontrolling übernommen werden. Zusammenfassend betrachtet heben sich die breit gewählte Bemessungsgrundlage, das Projektcontrolling zur Messung des Erfolges und das transparente Anreizsystem hervor.

5 Fazit

Diese Bachelorarbeit hat versucht, die aus dem Szenario aus Kapitel 1.1 hervorgehende Forschungsfrage zu beantworten: „Kann eine auf Einzelleistungen basierende Personalbewertung und die daran verknüpfte Vergütung, Einfluss auf die Leistung der Mitarbeiter nehmen und dadurch den Projekterfolg gefährden?" Zu diesem Zweck wurde eine Analyse der Literatur und zwei Interviews mit Experten aus dem Projektmanagement der Windenergie durchgeführt.

Zur Beantwortung der Forschungsfrage wurden drei Hypothesen aufgestellt, die Teil einer Kausalkette sind, welche in Kapitel 4.2 dargelegt ist. Zur Bestätigung dieser Hypothesen wurde diese Arbeit systematisch strukturiert. Dafür wurde zuerst die Einzel- und die Teamleistung diskutiert, darauffolgend der Begriff des Projektteams hergeleitet. Dabei hat sich herausgestellt, dass bei prozessisolierten Aufgaben Einzelarbeit sinnvoller einzusetzen ist, aber bei komplexen Aufgaben, wie im Projektmanagement, die Teamarbeit überzeugt. Außerdem konnte ein Zusammenhang zwischen der Teamleistung und des Projektteams hergestellt und positive sowie negative Einflüsse auf die Teamleistung identifiziert werden. Anschließend wurden verschiedene Personalbewertungsmethoden vorgestellt, wo diese eingesetzt werden und was Kennzeichen dieser Methoden sind. Erkenntnisse aus der Personalbewertung haben dabei Aufschluss gegeben, dass die Personalbeurteilung gerecht gestaltet sein muss, um keine Motivationsverluste bei den Mitarbeitern hervorzurufen. Des Weiteren konnte festgehalten werden, dass Anreizsysteme die Informationen aus der Personalbewertung nutzen, um die Mitarbeiter zu entlohnen. Demzufolge führt eine ungerechte oder falsch durchgeführte Personalbewertung zu einem Anreizsystem, welches nicht gerecht entlohnt. Dabei wurden unter anderem verschiedene Arten der Entlohnung diskutiert. Dadurch konnte der ausgelöste Konflikt zwischen intrinsischer und extrinsischer Motivation der Mitarbeiter durch ein individualistisches Anreizsystem identifiziert und weiter als Ursprung für eine reduzierte Teamleistung bestimmt werden. Abschließend wurde der Projekterfolg definiert und die Kriterien zur Bestimmung des Projekterfolges identifiziert. Durch den Abgleich von der Teamleistung mit den Erkenntnissen über den Projekterfolg konnte geschlossen werden, dass infolge der reduzierten Teamleistung der Projekterfolg gefährdet wird.

Mit der Beantwortung der Forschungsfrage anhand der Erkenntnisse aus der zuvor beschriebenen Literatur und weitere Bestätigung durch Interviews aus der Wirtschaft wurden die Hypothesen und die Kausalkette ausführlich beschrieben und bewiesen. Die Analyse der Literatur und der Interviews bestätigt, dass die

Forschungsfrage in der Wirtschaft von Relevanz ist. Des Weiteren hat die Analyse ergeben, dass weitere Ursachen und Auslöser für Konflikte aus der Forschungsfrage erfasst werden können. So gehen dabei beispielhafte Konflikte aus den Experteninterviews (vgl. Tabelle 2) sowie aus der Ausführung der Forschungsfrage (vgl. Kapitel 4.3) hervor. Es bleibt offen, inwiefern weitere Konflikte der Personalbewertung in die vorgestellte Kausalkette einzuordnen sind und zutreffen. Dies gibt Raum für weitere Recherchen und Prüfung weiterer Konflikte in der Personalbewertung.

Im letzten Kapitel wurden verschiedene Lösungsansätze der Forschungsfrage identifiziert. Die Lösungsansätze sollen Anregung geben ein Anreizsystem sorgfältig zu planen und bedacht auszurichten, um die Motivation der Mitarbeiter sicherzustellen. Dabei werden weitere Lösungsansätze in Form von Modellen und Studien zur weiteren Lösungsfindung gegeben. Dennoch fällt auf, dass wenige Modelle zur vollständigen Lösung der Forschungsfrage erforscht und entwickelt wurden.

Zusammenfassend ist die Aufgabe der optimalen Personalbewertung, Teams zu ermutigen miteinander zu kooperieren und zu interagieren. Dabei müssen Kriterien motivierende Faktoren sein, die das Verhalten von Mitarbeitern in Teams positiv beeinflussen. Ein absolut fehlerfreies System wird es dennoch nicht geben, da es in der Leistungsbeurteilung immer subjektive Faktoren geben wird. So statierten John und Meier (2007), dass nie die komplette Leistung erfasst werden kann, weil viele Aspekte nicht wahrgenommen werden oder schlicht nicht messbar sind. Die perfekte Lösung gibt es also nicht, aber viele Maßnahmen um das Problem auf ein Minimum zu reduzieren.

Wenn das Personalbewertungssystem und das Anreizsystem nicht mit dem Trend zu Teamstrukturen neu ausgerichtet werden, kann sich die Forschungsfrage in Zukunft in der Realität vieler Unternehmen wiederfinden. Darüber hinaus können sich die Effekte über die Zeit verschlimmern, wenn keine Maßnahmen von den Unternehmen getroffen werden. Aus der Studie von Watzka (2011) geht außerdem hervor, dass zwar Interesse an Individualzielen besteht, die junge Belegschaft jedoch zu Teamzielen tendiert. Dies lässt vermuten, dass Teamziele in zukünftigen Anreizsystemen eine große Rolle spielen sollten, um die Mitarbeiter zu motivieren. Somit sollten Unternehmen ihre HR-Systeme in Zukunft an einen Mix aus gemeinschaftlichen und individualistischen leistungsbezogenen Komponenten koppeln, um dadurch die Leistung der Mitarbeiter zu steigern. Abschließend soll durch diese Bachelorarbeit weiterführende Forschung im Gebiet der Anreizgestaltung und Personalbewertung in Projekten angestoßen werden, um die gewonnen Erkenntnisse aus dieser Bachelorarbeit mit weiteren repräsentativen Studien zu belegen und Modelle zur Lösung der Forschungsfrage zu entwickeln.

Anhang

Tabelle 2: Reduziertes Transkript - Kernaussagen in Kategorien

Kernaussagen	Kategorie
Eine Einzelleistung bedeutet Aufgaben anhand der Stellenbeschreibung mit den vorhandenen Ressourcen zu erledigen. Die Einzelleistung ist spezifischer als die Teamleistung. Eine Einzelleistung ist abgegrenzt von der Funktion und Aufgabenstellung des Mitarbeiters im Team. Die Einzelleistung ist der Beitrag, den der Mitarbeiter zur Teamleistung beiträgt. Einzelleistung bedeutet dabei auch wie teamfähig eine Person ist.	**Einzelleistung**
Teamleistung bedeutet mit dem kompletten Team ein Projekt in der vorgeschriebenen Zeit und innerhalb des Budgets abzuschließen. Das Team umfasst dabei Mitarbeiter aus verschiedenen Disziplinen: Techniker, Projektkaufleute oder Projektmanager. In der Stellenbeschreibung des Mitarbeiters wird letztendlich auch definiert, welchen Beitrag der Mitarbeiter zur Teamleistung zutragen soll.	**Teamleistung**
Die Teamleistung steigt, wenn jedes Projektmitglied Teamaufgaben und -ziele hat. Dabei sollten für einen Mitarbeiter 60-70% Teamziele und 30-40% Einzelziele vereinbart sein, um optimale Anreize zu setzen. Das Teamziel muss mit den beteiligten Stakeholdern abgestimmt sein, sodass jeder seinen Beitrag zum Teamerfolg leistet. Wenn ein Teammitglied besonders gute Leistungen zeigt, könnte diesem ein besonderes Einzelziel gegeben werden, um das Teammitglied als Motivator oder Multiplikator für das Team zu nutzen. Einzelziele sollten aufzeigen, dass diese wichtige Beiträge zum Gesamtziel sind und so zum Projekterfolg beitragen.	**Einzelleistung versus Teamleistung**
Konflikte sind vorhanden, wenn verschiedene Abteilungen auf unterschiedliche Ziele hinarbeiten. Probleme können entstehen, wenn die Mitarbeiter private Probleme mit in das Projekt tragen und die Konzentration und Effizienz der Mitarbeiter verloren geht. Wenn Mitarbeiter über unterschiedliche Kompetenzen verfügen und ein Mitarbeiter nicht so leistungsstark ist, könnte dieser ohne wesentlichen Beitrag durch das Projekt gezogen werden. Multikulturelle Teams können schwerer zu führen und zu motivieren sein. Ein weiteres Problem stellt die mangelnde Erfahrung eines Projektleiters in der Moderation dar, wozu es zu Konflikten im Team kommen kann. Wenn die Ziele der Mitarbeiter zu einfach und schnell erreicht werden können, tendieren die Mitarbeiter dazu ihre Leistung zu reduzieren, aber dennoch das Ziel zu erreichen. Sind die Ziele zu schwer, führt es oft zu Stresssituation, welche wiederum zu Fehlern führen können.	**Konflikte im Team**

Kernaussagen	Kategorie
Konflikte können durch eine bessere Zielabstimmung reduziert werden. Konflikte lassen sich mit häufiger Kommunikation und dem Informationsaustausch lösen. Außerdem sollten mit Beginn des Projektes die Ziele aller Stakeholder offengelegt und transparent gemacht werden, sodass zu Beginn mögliche Zielkonflikte bereits diskutiert werden können.	**Konfliktlösung im Team**
Eine Regelbeurteilung findet einmal im Jahr statt, welche die Gesamtleistung des Mitarbeiters bewertet. Dabei bewertet sich der Mitarbeiter zuerst selbst auf einer Skala von eins bis fünf. Für jeden Mitarbeiter werden gleiche Kriterien angewandt, dabei hat jedoch jeder Vorgesetzte unterschiedliche Erwartungen an den Mitarbeiter. Die Kriterien sind sowohl messbar, als auch subjektiv. Als Zweites bewerten die Vorgesetzten den Mitarbeiter, woraus ein Durchschnitt gebildet wird, welcher die Grundlage für die leistungsbezogenen Komponenten ist. Wenn Erwartungen an einen Mitarbeiter zu hoch sind und unterschiedlich zwischen gleichgestellten Kollegen verglichen wird, kann der Mitarbeiter an dem Personalbewertungsverfahren zweifeln. So sind durch gute Leistungen im ersten Jahr die Erwartungen des Mitarbeiters für das nächste Jahr wesentlich höher angesetzt worden. Die Zielerreichung fällt folglich schwerer. Dabei werden gleichgestellte Kollegen bei niedrigerer Erwartung besser beurteilt. Es entstehen subjektive Bewertungen und Mitarbeiter fühlen sich ungerecht bewertet. Es ist wichtig, dass Feedback sofort gegeben wird. Feedback sollte dabei teilweise vor dem Team gegeben werden, um dieses anzuspornen und sich gegenseitig zu motivieren. Die Regelbeurteilung ist ein rein systematisches System, welches auch zur Personalentwicklung genutzt wird. Dabei wird die Personalentwicklung eher vom disziplinarischen Vorgesetzten verwaltet und die Projektziele vom Projektleiter. Der Projektleiter gibt an den disziplinarischen Vorgesetzten das Einzel-Feedback weiter, welches Resultate aus dem Projekt und die Arbeitsweise enthalten kann.	**Verfahren der Personalbewertung**
Die Ziele in der Personalbewertung bestanden zur Hälfte aus Team- und zur anderen Hälfte aus Einzelzielen. In die Personalbewertung gehören das "Was" [Anmerkung des Verfassers: aufgabenbezogene Dimension], welches anhand von Resultaten messbar ist. Dazu gehört das "Wie" [Anmerkung des Verfassers: umfeldbezogene Dimension], was unter anderem die Art der Führung des Teams und das Verhalten umfasst. Das "Wie" wäre also wie man das Ziel erreicht [Anmerkung des Verfassers: Input] und das "Was", was erreicht wurde [Anmerkung des Verfassers: Output]. Beide Faktoren sind wichtig, sollte der Mitarbeiter oder Projektleiter sich nicht korrekt verhalten, so kann das Vertrauen der Teammitglieder verloren gehen.	**Ziele für die Personalbewertung**
Die Leistungsbezogene Komponente ist sowohl an Einzel- als auch an Teamziele gebunden.	**Leistungsbezogene Vergütung**

Kernaussagen	Kategorie
Bei einer Vergütung auf Basis der einzelnen Leistung wird das egoistische Denken angeregt, wodurch die Teamzusammenarbeit und die Teamkommunikation hintenangestellt wird. Die Gesellschaft ist geldgetrieben, ein Fünftel der Mitarbeiter wird das Team allgemein an zweiter Stelle nach sich selbst stellen [Anmerkung des Verfassers: Schätzwert des Experten]. Darauf kann die Stimmung im Team fallen, die Mitarbeiter können krank werden und kündigen. Probleme in der Anreizgestaltung sind, dass bei gestiegener Gehaltsstufe keine leistungsbezogenen Anreize mehr ausgeschüttet werden können [Anmerkung des Verfassers: Eigene Erfahrung des Experten]. Eine fehlende Kommunikation der Führungsebene über Anreize und wie diese funktionieren, verstärken das Problem.	
Das Gehalt ist in drei Komponenten aufgeteilt: Das Grundgehalt, die leistungsbezogene Komponente und einer Sonderzahlung. Dabei bezieht sich die leistungsbezogene Komponente auf das Resultat aus der Personalbewertung, welche motivierend sein kann.	**Vergütungs-formen durch Anreize**
Projekterfolg kann auch die Sicherheit der Mitarbeiter bedeuten [Anmerkung des Verfassers: Projekterfolg kann also von der Branche abhängig definiert werden. In der Windenergie müssen die Techniker auf die Turbinen und setzen sich dabei einem Risiko aus, dadurch steht die Sicherheit an höchster Stelle und kann in der Branche als Projekterfolg gelten]. Projekterfolg lässt sich von den Projektzielen ableiten, also ob das Projekt in der Zeit und im Budget erfüllt wurde.	**Bedeutung des Projekterfolges**
Einfluss auf den Projekterfolg nehmen die Mitarbeiter und deren Einstellung sowie die Kommunikation im Team und der Grad der Vorbereitung für das Projekt. Je mehr Zeit in die Vorbereitung gesteckt wird desto eher wird das Projekt ein Erfolg. Negative Aspekte auf den Projekterfolg können fehlende Motivation und Kommunikation sowie eine falsche Teamzusammenstellung sein.	**Einflussfaktoren auf den Projekterfolg**

Tabelle 3: Leitfaden für Interviews im Rahmen dieser Bachelorarbeit

1. Was verstehst Du unter einer Einzelleistung und einer Teamleistung im Projekt?
- Worin liegt für Dich der Unterschied zwischen Eigenleistung und Teamleistung?
- Wann sollte Deiner Meinung nach Einzel- oder Teamarbeit eingesetzt werden?
2. Was für Konflikte denkst Du könnten im Team auftreten oder hast Du eventuell selber schon Erfahrungen gemacht?
- Zum Beispiel Verteilungskonflikte oder Rollenkonflikte.
3. Welche Formen der Personalbewertung sind Dir aus deinem Projektumfeld bekannt und welche bevorzugst Du? (Zum Beispiel: Tägliches Feedback oder jährliches Feedback)
- Wird aus Deiner Erfahrung her eher einzeln bewertet oder fließt auch die Teamleistung in die Bewertung mit ein? Welchen Ansatz bevorzugst Du?
- Welche Probleme siehst Du in der Personalbewertung?
- Wie oder woran werden die Ziele in der Personalbewertung gestaltet?
- (Ist die Bewertung auf einer Skala von 1-5 oder wie wird diese erfasst?)
4. Was für Ziele und Kriterien (wie Qualität der Arbeit oder Pünktlichkeit) sollten Deiner Meinung nach in der Personalbewertung festgehalten werden?
- Bevorzugst Du Einzelziele oder Gruppenziele und warum?
5. Welche Form von Anreizen stehen Dir nach der Personalbewertung zur Verfügung und welche erachtest Du als sinnvoll und motivierend? (Zum Beispiel: Incentives, Gehalt, Work-Life-Balance Angebote)
- Gibt es eine variable Vergütung? (Das heißt zum Beispiel extra Boni aufgrund Deiner Leistung)
- Sind die Anreize an bestimmte Leistungen gekoppelt? Zum Beispiel die Resultate aus Einzelleistung oder Teamleistung oder beides?
- Wo siehst Du Probleme bei der Anreizgestaltung?
6. Was ist für Dich ein Projekterfolg und was nimmt für Dich alles Einfluss auf den Projekterfolg?
- Welche Faktoren spielen eine negative Rolle beim Projekterfolg?
- Nimmt die Personalbewertungsmethode Einfluss auf den Erfolg?
- Nimmt das Anreizsystem Einfluss auf den Projekterfolg?
7. Was denkst Du was für Probleme bei einer Beurteilung und einer Vergütung lediglich auf Basis der einzelnen Leistung auftreten können?
- Treten egoistische Gedankenzüge auf?
- Steht die Einzelleistung vor der Teamleistung?
8. Glaubst Du, dass wenn die Personalbewertung und Anreizgestaltung lediglich auf den einzelnen Leistungen beruht, dass die Projektmitarbeiter ihre eigenen Sachen zuerst erledigen und in Kauf nehmen, dass der Projekterfolg gefährdet wird? Könnte dies in der Praxis vorkommen?

Literaturverzeichnis

Abrell, C., Rowold, J., & Flasche, S. (2015). Leistungsbeurteilung. In J. Rowold (Ed.), *Human Resource Management: Lehrbuch für Bachelor und Master* (pp. 255–264). Berlin, Heidelberg: Springer Berlin Heidelberg. https://doi.org/10.1007/978-3-662-45983-6_23

Albert, M., Balve, P., & Spang, K. (2017). Evaluation of project success: A structured literature review. *International Journal of Managing Projects in Business, 10*(4), 796–821. https://doi.org/10.1108/IJMPB-01-2017-0004

Aubé, C., & Rousseau, V. (2005). Team Goal Commitment and Team Effectiveness: The Role of Task Interdependence and Supportive Behaviors. *Group Dynamics: Theory, Research, and Practice, 9*(3), 189–204. https://doi.org/10.1037/1089-2699.9.3.189

Bamberger, P. A., & Levi, R. (2009). Team-based reward allocation structures and the helping behaviors of outcome-interdependent team members. *Journal of Managerial Psychology, 24*(4), 300–327. https://doi.org/10.1108/02683940910952705

Bank, S. (2017). *Das ideale Projektteam: Fähigkeit, Motivation und Teamzusammenstellung*: Springer Fachmedien Wiesbaden.

Barbuto, J. E., & Scholl, R. W. (2016). Motivation Sources Inventory: Development and Validation of New Scales to Measure an Integrative Taxonomy of Motivation. *Psychological Reports, 82*(3), 1011–1022. https://doi.org/10.2466/pr0.1998.82.3.1011

Baumert, A., & Reich, S. (2012). *Interviews in der Recherche: Redaktionelle Gespräche zur Informationsbeschaffung* (2., überarbeitete und erweiterte Auflage). Wiesbaden: VS Verlag für Sozialwissenschaften. Verfügbar unter http://dx.doi.org/10.1007/978-3-531-18968-0

Bechtel, P., Friedrich, D., & Kerres, A. (2011). *Mitarbeitermotivation ist lernbar: Mitarbeiter in Gesundheitseinrichtungen motivieren, führen, coachen*: Springer Berlin Heidelberg.

Becker, F. (2016). *Teamarbeit, Teampsychologie, Teamentwicklung: So führen Sie Teams!* Springer Berlin Heidelberg.

Becker, F. G. (2009). *Grundlagen betrieblicher Leistungsbeurteilungen: Leistungsverständnis und -prinzip, Beurteilungsproblematik und Verfahrensprobleme*. Teilw. zugl.: Bielefeld, Univ., Habil.-Schr., 1991 (5., überarb. und aktualisierte Aufl.). *Betriebswirtschaftliche Abhandlungen: 88 i.e. N.F., 88*. Stuttgart: Schäffer-Poeschel.

Berthel, J., & Becker, F. G. (2010). *Personal-Management: Grundzüge für Konzeptionen betrieblicher Personalarbeit* (9., vollst. überarb. Aufl.). Stuttgart: Schäffer-Poeschel.

Besteiro, É. N. C., Souza Pinto, J. de, & Novaski, O. (2015). Success Factors in Project Management. *Business Management Dynamics, 4*(9), 19–34.

Böhrs, H. (1980). *Leistungslohngestaltung*. Wiesbaden: Gabler Verlag.

Borman, W. C., & Motowidlo, S. J. (1993). Expanding the criterion domain to include elements ofcontextual performance. In N. Schmitt & W. C. Borman (Eds.), *Frontiers of industrial and organizational psychology. Personnel selection in organizations* (2nd ed., pp. 71–98). San Francisco: Jossey-Bass.

Bormann, K. C. (2015). Strategisches Human Resource Management. In J. Rowold (Ed.), *Human Resource Management: Lehrbuch für Bachelor und Master* (pp. 15–24). Berlin, Heidelberg: Springer Berlin Heidelberg. https://doi.org/10.1007/978-3-662-45983-6_3

Breisig, T. (1998). *Personalbeurteilung - Mitarbeitergespräch - Zielvereinbarungen: Grundlagen, Gestaltungsmöglichkeiten und Umsetzung in Betriebs- und Dienstvereinbarungen. Handbücher für die Unternehmenspraxis: Vol. 6*. Frankfurt am Main: Bund-Verl.

Buchheit, S., Dalton, D., Downen, T., & Pippin, S. (2012). Outcome Feedback, Incentives, and Performance: Evidence from a Relatively Complex Forecasting Task. *Behavioral Research in Accounting, 24*(2), 1–20. https://doi.org/10.2308/bria-50151

Bühner, R. (2005). *Personalmanagement*: De Gruyter.

Campion, M. A., Medsker, G. J., & Higgs, A. C. (1993). Relations between work group characteristics and effectiveness: Implications for designing effective work groups. *Personnel Psychology, 46*(4), 823–847. https://doi.org/10.1111/j.1744-6570.1993.tb01571.x

Campion, M. A., Papper, E. M., & Medsker, G. J. (1996). Relations between work team characteristic and effectiveness: A replication and extension. *Personnel Psychology, 49*(2), 429–452. https://doi.org/10.1111/j.1744-6570.1996.tb01806.x

Cewinska, J., & Krasnova, A. (Eds.) 2017. *Project Management Development – Practice and Perspectives: Cooperation and competition in project teams*: Research Institute of the Project Management.

Davis, K. (2014). Different stakeholder groups and their perceptions of project success. *International Journal of Project Management, 32*(2), 189–201. https://doi.org/10.1016/j.ijproman.2013.02.006

Deutscher Manager-Verband. (2003). *Handbuch Soft Skills* (Bd. 3): vdf, Hochschulverlag AG an der ETH Zürich.

DIN 69901-5:2009-01. (2009). *Projektmanagement - Projektmanagementsysteme - Teil 5: Begriffe*. Berlin: DIN Deutsches Institut für Normung e.V.

Dresing, T., & Pehl, T. (Eds.). (2015). *Praxisbuch Interview, Transkription & Analyse: Anleitungen und Regelsysteme für qualitativ Forschende* (6. Auflage). Marburg: Dr. Dresing und Pehl GmbH.

Dreu, C. K. de, & Weingart, L. R. (2003). Task Versus Relationship Conflict, Team Performance, and Team Member Satisfaction: A Meta-Analysis. *Journal of Applied Psychology, 88*(4), 741–749.

Drexler, J. A., Beehr, T. A., & Stetz, T. A. (2001). Peer Appraisals: Differentiation of Individual Performance on Group Tasks. *Human Resource Management, 40*(4), 333–345. https://doi.org/10.1002/hrm.1023

Drumm, H. J. (2008). *Personalwirtschaft*. Berlin, Heidelberg: Springer Berlin Heidelberg.

Eberle, A., Meyer, H., & Rosen, D. (2011). A Comparison of PMI and IPMA Approaches. *projektMANAGEMENT aktuell, 2011*(4), 31–34.

Eppler, A. (2017). Interaktiv, social, kollaborativ: Personalprozesse unter Zugzwang. *wissensmanagement.* (1), 28–29.

Eskerod, P., & Jepsen, A. L. (2013). *Project Stakeholder Management. Fundamentals of Project Management*. Farnham: Gower Publishing. Verfügbar unter http://hdl.handle.net/2299/13267

Eyer, E., & Haussmann, T. (2014). Teamleistung und Vergütung – Vom Teambonus zum individuellen Leistungsentgelt. In E. Eyer & T. Haussmann (Eds.), *Zielvereinbarung und variable Vergütung* (pp. 97–107). Wiesbaden: Springer Fachmedien Wiesbaden. https://doi.org/10.1007/978-3-8349-4606-5_6

Fehr, E., & Falk, A. (2002). Psychological foundations of incentives. *European Economic Review, 46*(4-5), 687–724. https://doi.org/10.1016/S0014-2921(01)00208-2

Fortune, J., White, D., Jugdev, K., & Walker, D. (2011). Looking again at current practice in project management. *International Journal of Managing Projects in Business, 4*(4), 553–572. https://doi.org/10.1108/17538371111164010

Frey, B. S., & Bohnet, I. (1994). Die Ökonomie zwischen extrinsischer und intrinsischer Motivation. *Homo oeconomicus.* (Bd. XI), 1–19.

Garbers, Y., & Konradt, U. (2014). The effect of financial incentives on performance: A quantitative review of individual and team-based financial incentives. *Journal of Occupational and Organizational Psychology, 87*(1), 102–137. https://doi.org/10.1111/joop.12039

GPM. (2014). *Kompetenzbasiertes Projektmanagement (PM3)* (6. Aufl.). Nürnberg: GPM.

Hackman, J. R. (2012). From causes to conditions in group research. *Journal of Organizational Behavior, 33*(3), 428–444. https://doi.org/10.1002/job.1774

Haug, C. V. (2016). *Erfolgreich im Team: Praxisnahe Anregungen für effizientes Teamcoaching und Projektarbeit*: C.H.Beck.

Haug, C. V., & Haug, C. (2009). *Erfolgreich im Team: Praxisnahe Anregungen für effizientes Teamcoaching und Projektarbeit* (4., überarb. Aufl., Orig.-Ausg). *dtv Beck-Wirtschaftsberater: Vol. 5842.* München: Dt. Taschenbuch-Verl.

Heywood, J. S., & Jirjahn, U. (2004). Teams, Teamwork and Absence *Scandinavian Journal of Economics, 106*(4), 765–782. https://doi.org/10.1111/j.0347-0520.2004.00387.x

Holtbrügge, D. (2015). *Personalmanagement*: Springer Berlin Heidelberg.

Honeywell-Johnson, J. A., & Dickinson, A. M. (1999). Small Group Incentives. *Journal of Organizational Behavior Management, 19*(2), 89–121. https://doi.org/10.1300/J075v19n02_06

Huemann, M. (2017). Projektmanagement trifft Human Resource Management. *projektMANAGEMENT aktuell.*

Hüsgen, M. F. (2005). *Projektteams: Das Sechs-Ebenen-Modell zur Selbstreflexion im Team ; Instrument und Einsatz ; mit 31 Tabellen.* Teilw. zugl.: Fribourg, Univ., Diss, 2003 u.d.T.: Projektteams : das Sechs-Ebenen-Modell als eine operationalisierte kognitive Karte für die Arbeit in betrieblichen Kleingruppen. *Psychologie und Beruf: Vol. 3.* Göttingen: Vandenhoeck & Ruprecht.

Hyväri, I. (2006). Sucess of projects in different organizational conditiosn. *Project Management Journal, 37*(4), 31–41.

Jakoby, W. (2015). *Projektmanagement für Ingenieure.* Wiesbaden: Springer Fachmedien Wiesbaden.

Jehn, K. A., & Chatman, J. A. (2000). The influence of proportional and perceptual conflict composition on team performance. *International Journal of Conflict Management, 11*(1), 56–73. https://doi.org/10.1108/eb022835

John, M., & Maier, G. W. (Eds.). (2007). *Eignungsdiagnostik in der Personalarbeit: Grundlagen, Methoden, Erfahrungen* ([Elektronische Ressource]). Düsseldorf: Symposion.

Jost, P.-J., & Bieberstein, F. von. (2013). Strategische Anreizgestaltung. In R. Stock-Homburg (Ed.), *Handbuch Strategisches Personalmanagement* (pp. 151–170). Wiesbaden: Springer Fachmedien Wiesbaden. https://doi.org/10.1007/978-3-658-00431-6_9

Jugdev, K., & Müller, R. (2005). A retroperpective look at our evolving understanding of project success. *Project Management Journal, 36*(4), 19–31.

Jung, H. (2011). *Personalwirtschaft.* München: OLDENBOURG WISSENSCHAFTSVERLAG.

Kaiser, R. (2014). *Qualitative Experteninterviews: Konzeptionelle Grundlagen und praktische Durchführung. Lehrbuch.* Wiesbaden: Springer VS. Verfügbar unter http://dx.doi.org/10.1007/978-3-658-02479-6

Katzenbach, J. R., & Smith, D. K. (1993). *The Wisdom of Teams: Creating the High-Performance Organization* ([Reprint edition]). Boston, MA: Harvard Business Review Press.

Kelly, K. (2010). The Effects of Incentives on Information Exchange and Decision Quality in Groups. *Behavioral Research in Accounting, 22*(1), 43–65. https://doi.org/10.2308/bria.2010.22.1.43

Keßler, H., & Hönle, C. (2002). *Karriere im Projektmanagement*. Berlin, Heidelberg: Springer Berlin Heidelberg.

Kirkman, B. L., & Rosen, B. (1999). BEYOND SELF-MANAGEMENT: ANTECEDENTS AND CONSEQUENCES OF TEAM EMPOWERMENT. *Academy of Management Journal, 42*(1), 58–74. https://doi.org/10.2307/256874

Köhler, J., & Oswald, A. (2009). *Die Collective Mind Methode: Projekterfolg durch Soft Skills*: Springer Berlin Heidelberg.

Kraus, G., & Westermann, R. (2014). *Projektmanagement mit System*. Wiesbaden: Gabler Verlag.

Krohne, H. W., & Hock, M. (2007). *Psychologische Diagnostik: Grundlagen und Anwendungsfelder* (1. Aufl.). *Kohlhammer Standards Psychologie*. Stuttgart: Kohlhammer.

Kühl, S. (2016). *Projekte führen*. Wiesbaden: Springer Fachmedien Wiesbaden.

Kupsch, P. U., & Marr, R. (1990). Personalwirtschaft. In E. Heinen (Ed.), *Industriebetriebslehre: Entscheidungen im Industriebetrieb* (pp. 623–767). Wiesbaden: Gabler Verlag. https://doi.org/10.1007/978-3-663-14769-5_6

Lam, E. W., Chan, A. P., & Chan, D. W. (2008). Determinants of Successful Design-Build Projects. *Journal of Construction Engineering and Management, 134*(5), 333–341. https://doi.org/10.1061/(ASCE)0733-9364(2008)134:5(333)

Lappe, M., Campana, C., & Schott, E. (2006). Motivation von Projektteams durch leistungsbezogene Vergütung. *projektMANAGEMENT aktuell*. (3), 55–59.

Lechler, T., & Gemünden, H. G. (1998). Kausalanalyse der Wirkungsstruktur der Erfolgsfaktoren des Projektmanagements. *DBW Die Betriebswirtschaft*. (4), 435.

Lehmann-Willenbrock, N., Grohmann, A., & Kauffeld, S. (2011). Task and Relationship Conflict at Work. *European Journal of Psychological Assessment, 27*(3), 171–178. https://doi.org/10.1027/1015-5759/a000064

Litke, H.-D. (2007). *Projektmanagement: Methoden, Techniken, Verhaltensweisen : evolutionäres Projektmanagement* (5., erw. Aufl.). München: Hanser.

Lohaus, D. (2008). *Leistungsbeurteilung*: Hogrefe Verlag.

London, M. (2007). Performance appraisal for groups: Models and methods for assessing group processes and outcomes for development and evaluation. *Consulting Psychology Journal: Practice and Research, 59*(3), 175–188. https://doi.org/10.1037/1065-9293.59.3.175

Loo, R., & Thorpe, K. (2002). Using reflective learning journals to improve individual and team performance. *Team Performance Management: An International Journal, 8*(5/6), 134–139. https://doi.org/10.1108/13527590210442258

Lyubovnikova, J., & West, M. A. (2018). Positives Projektmanagement in Teams. In M. Wastian, I. Braumandl, L. von Rosenstiel, & M. A. West (Eds.), *Angewandte Psychologie für das Projektmanagement: Ein Praxisbuch für die erfolgreiche Projektleitung* (3rd ed., pp. 151–165). Berlin, Heidelberg: Springer Berlin Heidelberg. https://doi.org/10.1007/978-3-662-53929-3_8

Magjuka, R. J., & Baldwin, T. T. (1991). Team-based employee involvement programs: Effects of design and administration. *Personnel Psychology, 44*(4), 793–812. https://doi.org/10.1111/j.1744-6570.1991.tb00699.x

McGourty, J., & Reilly, R. R. (1998). Performance appraisal in team settings. In J. W. Smither (Ed.), *The professional practice series. Performance appraisal: State of the art in practice* (1st ed., pp. 244–277). San Francisco Calif.: Jossey-Bass.

Meier, H. (2015). *Internationales Projektmanagement: Interkulturelles Management. Projektmanagement-Techniken. Interkulturelle Teamarbeit. Mit einer Case Study "International Project Management" von Sujoy Chatterjee* (2., überarbeitete Auflage. Online-Version inklusive). *NWB Studium Betriebswirtschaft.* Herne, Westf: NWB Verlag.

Meyer, H., & Reher, H.-J. (2016). *Projektmanagement: Von der Definition über die Projektplanung zum erfolgreichen Abschluss* (1. Aufl. 2016). *SpringerLink : Bücher.* Wiesbaden: Gabler.

Miebach, B. (2016). *Handbuch Human Resource Management: Das Individuum und seine Potentiale für die Organisation*: Springer Fachmedien Wiesbaden.

Mossholder, K. W., & Richardson, H. A. (2011). Human resource systems and helping in organizations : a relational perspective. *Academy of Management: : The Academy of Management review : AMR, 36*(1), 33–52.

Motzel, E. (2010). *Projektmanagement Lexikon: Referenzwerk zu den aktuellen nationalen und internationalen PM-Standards / Erhard Motzel* (2., überarbeitete u. aktualisierte Auflage). Weinheim: WILEY-VCH Verlag GmbH & Co. KGaA.

Muck, P. M., Schuler, H., Becker, K., & Diemand, A. (2004). Entwicklung eines multimodalen Systems zur Beurteilung von Gruppenleistungen. In H. Schuler (Ed.), *Wirtschaftspsychologie. Beurteilung und Förderung beruflicher Leistung* (2nd ed., pp. 159–185). Göttingen: Hogrefe.

Mühlenhof, M. C. (2018). *Chefsache Intrinsische Motivation*. Wiesbaden: Springer Fachmedien Wiesbaden. Verfügbar unter http://dx.doi.org/10.1007/978-3-658-18307-3

Müller, R., & Jugdev, K. (2012). Critical success factors in projects. *International Journal of Managing Projects in Business, 5*(4), 757–775. https://doi.org/10.1108/17538371211269040

Naranjo-Gil, D., Cuevas-Rodríguez, G., López-Cabrales, Á., & Sánchez, J. M. (2012). The Effects of Incentive System and Cognitive Orientation on Teams' Performance. *Behavioral Research in Accounting, 24*(2), 177–191. https://doi.org/10.2308/bria-50098

Noé, M. (2016). *Mit Controlling zum Projekterfolg: Partnerschaftliche Strategien für Controller und Manager*: Springer Fachmedien Wiesbaden.

P. Castka, C.J. Bamber, & J.M. Sharp. (2003). Measuring teamwork culture: the use of a modified EFQM model. *Journal of Mgmt Development, 22*(2), 149–170. https://doi.org/10.1108/02621710310459702

Pearsall, M. J., Christian, M. S., & Ellis, A. P. J. (2010). Motivating interdependent teams: Individual rewards, shared rewards, or something in between? *The Journal of applied psychology, 95*(1), 183–191. https://doi.org/10.1037/a0017593

Pelz, W. (2018). Quellen der intrinsischen und extrinsischen Motivation nutzen! Verfügbar unter http://www.managementkompetenzen.de/motivation.html [08.02.2018]

Piscopo, M. R., Sbragia, R., & Thamhain, H. J. (Eds.) 2010. *Strategic issues in global technological innovation projects.* PICMET 2010 TECHNOLOGY MANAGEMENT FOR GLOBAL ECONOMIC GROWTH.

Preyer, G. (2012). *Rolle, Status, Erwartungen und soziale Gruppe: Mitgliedschaftstheoretische Reinterpretationen.* Wiesbaden: Springer VS. Verfügbar unter http://dx.doi.org/10.1007/978-3-531-94121-9

Price, K. H., Harrison, D. A., Gavin, J. H., & Florey, A. T. (2002). Time, Teams and Task performance: Changing effects of surface- and deep-level diversity on group functioning. *Academy of Management Journal, 45*(5), 1029–1045. https://doi.org/10.2307/3069328

Prudix, D. (2016). *Erfolgreiches Projektmanagement.* Wiesbaden: Springer Fachmedien Wiesbaden.

Rauer, K. (2015). *Projektmanagement auf der Überholspur: Grundlagenwissen zur IPMA Zertifizierung*: Books on Demand.

Reuter, M. (2011). *Psychologie im Projektmanagement: Eine Einführung für Projektmanager und Teams / von Mark Reuter.* Erlangen: PUBLICIS.

Rosenstiel, L. von, Braumandl, I., Wastian, M., & West, M. A. (2018). Einführung. In M. Wastian, I. Braumandl, L. von Rosenstiel, & M. A. West (Eds.), *Angewandte Psychologie für das Projektmanagement: Ein Praxisbuch für die erfolgreiche Projektleitung* (3rd ed., pp. 1–18). Berlin, Heidelberg: Springer Berlin Heidelberg. https://doi.org/10.1007/978-3-662-53929-3_1

Schätzle, R. Never chance a winning team!? *Bank Magazin, o.J. 1993*(1), 27f.

Schuler, H. (2004a). Drei Ebenen der Leistungsbeurteilung: Day-to-day-Feedback, Regelbeurteilung und Potenzialanalyse. In H. Schuler (Ed.), *Wirtschaftspsychologie. Beurteilung und Förderung beruflicher Leistung* (2nd ed., pp. 25–31). Göttingen: Hogrefe.

Schuler, H. (2004b). Leistungsbeurteilung – Gegenstand, Funktionen und Formen. In H. Schuler (Ed.), *Wirtschaftspsychologie. Beurteilung und Förderung beruflicher Leistung* (2nd ed., pp. 1–22). Göttingen: Hogrefe.

Schuler, H., & Marcus, B. (2001). Leistungsbeurteilung. In H. Schuler (Ed.), *Lehrbuch der Personalpsychologie* (pp. 397–431). Göttingen: Hogrefe Verl. für Psychologie.

Schulz-Hardt, S., & Brodbeck, F. C. (2014). Gruppenleistung und Führung. In K. Jonas, W. Stroebe, & M. Hewstone (Eds.), *Springer-Lehrbuch. Sozialpsychologie* (pp. 469–505). Berlin, Heidelberg: Springer Berlin Heidelberg. https://doi.org/10.1007/978-3-642-41091-8_13

Somech, A., Desivilya, H. S., & Lidogoster, H. (2009). Team conflict management and team effectiveness: The effects of task interdependence and team identification. *Journal of Organizational Behavior, 30*(3), 359–378. https://doi.org/10.1002/job.537

Stehle, W. (1999). Mitarbeiterbeurteilung. In L. von Rosenstiel, E. Regnet, & M. E. Domsch (Eds.), *USW-Schriften für Führungskräfte: Vol. 20. Führung von Mitarbeitern: Handbuch für erfolgreiches Personalmanagement* (4th ed., pp. 205–215). Stuttgart: Schäffer-Poeschel.

Steinle, C., Barnert, M., & Steinbeck, J. (2010). Kontraproduktives Verhalten in Projekten. *projektMANAGEMENT aktuell*. (05), 20–27.

Steinmann, H., Schreyögg, G., & Koch, J. (2005). *Management: Grundlagen der Unternehmensführung ; Konzepte, Funktionen, Fallstudien* (6., vollst. überarb. Aufl.). *Gabler-Lehrbuch*. Wiesbaden: Gabler.

Sterrer, C. (2014). *Das Geheimnis erfolgreicher Projekte*. Wiesbaden: Springer Fachmedien Wiesbaden.

Stierle, J., Glasmachers, K., & Siller, H. (2017). *Praxiswissen Personalcontrolling: Erfolgreiche Strategien und interdisziplinäre Ansätze für die Ressource Mensch*: Springer Fachmedien Wiesbaden.

Stock-Homburg, R. (2010). *Personalmanagement: Theorien - Konzepte - Instrumente* (2. Aufl.). Wiesbaden: Gabler.

Strozniak, P. (2000). Teams AT WORK. *Industry Week/IW, 249*(15), 47.

Trinczek, R. (2002). Wie befrage ich Manager? In A. Bogner, B. Littig, & W. Menz (Eds.), *Das Experteninterview: Theorie, Methode, Anwendung* (pp. 209–222). Wiesbaden: VS Verlag für Sozialwissenschaften. https://doi.org/10.1007/978-3-322-93270-9_10

Wageman, R. (1995). Interdependence and Group Effectiveness. *Administrative Science Quarterly*, *40*(1), 145. https://doi.org/10.2307/2393703

Wastian, M., Braumandl, I., & Dost-Tauschl, B. (2018). Psychologisches Projektcoaching als Weg zum erfolgreichen Projekt. In M. Wastian, I. Braumandl, L. von Rosenstiel, & M. A. West (Eds.), *Angewandte Psychologie für das Projektmanagement: Ein Praxisbuch für die erfolgreiche Projektleitung* (3rd ed., pp. 77–97). Berlin, Heidelberg: Springer Berlin Heidelberg. https://doi.org/10.1007/978-3-662-53929-3_5

Watzka, K. (2011). *Zielvereinbarungen in Unternehmen*. Wiesbaden: Gabler.

Wegge, J. (2004). *Führung von Arbeitsgruppen*. Teilw. zugl: Dortmund, Univ., Habil.-Schr., 2003. Göttingen: Hogrefe Verl. für Psychologie.

Winquist, J. R., & Larson, J. R., JR. (1998). Information Pooling: When It Impacts Group Decision Making. *Journal of Personality and Social Psychology*, *74*(2), 371–377.

Witte, E. H. (1989). *Sozialpsychologie: Ein Lehrbuch ; Tabellen*. München: Psychologie-Verl.-Union.